Gottfried Egger OFM

Franziskanische Predigten

Gottfried Egger OFM

Franziskanische Predigten

Fromm Verlag

Imprint

Cover image: www.ingimage.com

Publisher:
Fromm Verlag
is a trademark of
International Book Market Service Ltd., member of OmniScriptum Publishing Group
17 Meldrum Street, Beau Bassin 71504, Mauritius

Printed at: see last page
ISBN: 978-613-8-34880-1

Inhaltsverzeichnis

Abschlussgottesdienst des Jubiläumsjahres von Ingenbohl

Röm 12, 11-18 Mt 5, 1-11

Liebe Schwestern, liebe Festgemeinde!
Es wäre nicht denkbar dieses Jubeljahr zu feiern ohne die es das Kloster Ingenbohl und die Barmherzigen Schwestern vom hl. Kreuz überhaupt nicht gäbe, ich meine die **Selige Mutter Maria Theresia Scherer**. Der heutige Tag ist genau der elfte Jahrestag ihrer Seligsprechung. Mit dieser Feier 1995 hat die Kirche offiziell zum Ausdruck gegeben: dieser Mensch ist selig, d.h. er lebt in Gottes Herrlichkeit, eine Person, die ganz und gar versucht hat ihr Leben aus dem Geist Jesu Christi, aus dem Geist der Seligpreisungen zu gestalten. Heilige und Selige sind uns gegeben, dass sie uns durch ihr Leben und Wirken Impulse geben, wie Nachfolge Christi, zu der wir alle gerufen sind, geschehen kann. Heilige stehen nicht einfach über uns, sondern neben uns. Das dürfen wir jetzt in dieser festlichen Stunde in besonderer Weise von Mutter Maria Theresia erfahren.
Liebe Schwestern, in meinem Leben bin ich ihrer Ordensgründern zwei Mal in eindrücklicher Weise begegnet. Das erste Mal mit ca. 12 Jahren. Damals wurde im Ministrantenkalender ein Artikel über Sr. Maria Theresia veröffentlicht, der in etwa folgenden Titel hatte *'Eine Frau, stärker als Männer'*. Sie können sich vorstellen dass eine solche starke Frau, mich als halbwüchsiger sehr interessiert hat. Ich habe den Artikel gelesen und das Leben dieser Klosterfrau sehr spannend gefunden.
Zum zweiten Mal bin ich ihr in Näfels begegnet und zwar in den ersten Tagen, wo ich dort Wohnsitz nahm. Ich ging ins damalige Gemeindehaus um mich anzumelden. Der Gemeindeschreiber hiess mich herzlich willkommen und sagte mir gleich: *„Hier in diesem Raum war das Arbeitszimmer von Mutter Maria Theresia Scherer, der Gründerin der Ingenbohlerschwestern, die 1850 hierher kam, um als Armenmutter im damaligen Armenhaus dem Freulerpalast zu wirken. Diese Heilige lebte also mitten unter uns."* Herr Galatti, so hiess der Gemeindeschreiber kam geradezu ins Schwärmen, wenn er von Jungfer Theres sprach, so genannt, weil sie wegen der protestantischen Glarnerregierung kein Ordenskleid tragen durfte. Weiter erzählte mir der Gemeindeschreiber: Das erste Halbjahr war Mutter M. Theresia ganz allein in der Anstalt mit ca. 150 Personen: Arme, Waisen und verwahrloste Jugendliche, dazu kamen noch ca. 60 Mädchen der Industrieschule. In der Anstalt war ein grosser Teil sittlich labiler Personen untergebracht und man kann sie gut verstehen, wenn sie P. Theodosius vermehrt darum bat, sie von Näfels wegzunehmen, weil ihr Gefahren drohten. Wir können nur staunen, was die gut 24 Jährige Frau alles leistete. Es kommt nicht von

ungefähr: dass die Bevölkerung von Näfels sie sehr lange im guten Andenken behalten hat, wegen der grossen Opfer, die sie dort brachte. Auch die Behörden wussten von ihr nur Liebes und Gutes zu berichten.
Ich war ganz erbaut über das Leben dieser aussergewöhnlichen Frau, die nur ein Jahr in Näfels gewirkt hat, deren Geist aber heute noch lebendig ist. Ich fragte mich, wie war so etwas nur möglich. Sie stand zur Armut und Not von damals und hat so den armen und leidenden Christus gefunden. Das, was sie alles bewirken konnte, konnte sie sicher nicht aus sich allein heraus, sondern aus der Kraft Gottes wie es der Apostel Paulus formuliert: *„Wenn ich schwach bin, dann bin ich stark und ich rühme mich der Schwachheit, damit die Kraft Christi auf mich herabkommt."* Das hat sie zur starken Frau, stärker als Männer gemacht. Sie prägte den Satz: *„Man muss Mut haben und stark sein!"*
Selig, die Barmherzigen. Das Schaffen und Wirken von Mutter M. Theresia war durch und durch geprägt von diesen Worten der Seligpreisungen Jesu. Ihr ganzes Leben und das Leben ihrer Gemeinschaft stand deshalb klar unter dem Zeichen des Kreuzes Jesu. Sie erfuhr: durchs Kreuz zur Auferstehung und Geistsendung. Das neue Leben konnte aufbrechen in Christus. Denn Christus ist die Mitte, auf den alles hinfliesst und von dem alles ausgeht. Vom Haus der Weihnacht durch das Haus des Kreuzes zum Haus der Auferstehung, wie das Silija Walter in ihrem Mysterienspiel ‚Haus der neuen Schöpfung' so schön formuliert hat. Als Mutter M. Theresia 1888 starb zählte ihre Gründung bereits 1689 Schwestern, die in 422 Häusern tätig waren. Heute sind es 4103 Schwestern verteilt auf Europa, Süd- und Nordamerika, Afrika und Asien. Ihre Kongregation ist zu einem stattlichen Baum herangewachsen, wenn auch an gewissen Ästen, vor allem in Westeuropa, z.T. welke Blätter und überreife Früchte hangen, treiben aber an anderen Ästen, Afrikas und Asiens viele neue Blüten und Früchte. Der Geist der Sel. Mutter Maria Theresia und des P. Theodosius leben weltweit weiter. Ja wir könnten wiederum in der Sprache des Mysterienspiels sagen: ‚Der niggsche Hof ist ein Pfingsthaus geworden.'
Das Jubiläumsjahr 150 Jahre Kloster Ingenbohl geht mit dem heutigen Tag zu Ende. Jubiläen feiern heisst zurückschauen, sich erinnern, innehalten, heisst aber auch, sich wieder neu ausrichten. Die ersten zwei Punkte haben wir hinter uns, nun geht es zum dritten Punkt, ausschauen.
Ihre Gemeinschaft wird **‚Barmherzige Schwestern vom hl. Kreuz'** genannt. Ich denke dieser Name, der vom Evangelium Jesu Christi, den Seligpreisungen genommen ist, ist zeitlos, weil er zu Jesus gehört. Das neue, das Jesus gegenüber dem AT lehrt ist: *„Ihr habt gehört, dass gesagt worden ist: Auge um Auge, Zahn um Zahn: ich aber sage euch: Seid barmherzig, weil euer Vater im Himmel*

barmherzig ist.“ Ist nicht gerade heute das Wort ‚Barmherzigkeit’ fast zu einem Fremdwort verkommen. Wo wird dieses Wort noch verwendet, ja gelebt? Ist nicht unsere heutige Gesellschaft eine unbarmherzige Gesellschaft geworden? Braucht es nicht gerade heute bei uns, Menschen nach einem Format von Mutter Maria Theresia? Barmherzigkeit ist so etwas wie ein Kennwort des evangelischen Lebens, das Kennwort ihres Lebens. Schauen wir auf sie. *„Man muss das Gramm Gold entdecken, das in jedem Menschen verborgen ist.“* Ist nicht dieser Ausspruch der Seligen ein klarer Ausdruck ihres barmherzigen Lebens und Handelns?
Schauen wir auch auf Br. Franz, mit dem sich Mutter M. Theresia in besonderer Weise verbunden fühlte. Was ihn aus dem Alltagstrott von Festen, Macht und Geld geworfen hat, war doch die Begegnung mit dem Aussätzigen. Er selbst bekennt im Testament: *„Der Herr hat mich unter sie geführt, und ich habe ihnen Barmherzigkeit erwiesen“* Test 2. Von dem Moment an zieht es ihn zeitlebens zu diesen Menschen am Rand. Er erweist ihnen immer wieder Barmherzigkeit. Auch in seinen Schriften spricht Br. Franz oft von Barmherzigkeit. Der Franziskanologe Br. Leonhard Lehmann spricht sogar von einem **schriftlichen Manifest der Barmherzigkeit**, das er uns hinterlassen hat, nämlich den Brief an einen Minister, wo er den Oberen im Umgang mit dem Untergebenen sieben Mal zu Barmherzigkeit auffordert. Sind wir als Franziskanische Menschen in unserer Zeit nicht aufgerufen, den Menschen Barmherzigkeit zu erweisen? Mutter M. Theresia und Br. Franz haben uns klar und deutlich vorgelebt was Barmherzig sein beinhaltet. Ihr Beispiel ist zeitlos.
Barmherzig sein geht nicht ohne Selbstüberwindung. Das Leben nach den Seligpreisungen ist nur über das Kreuz möglich. Die eigenen Glücksvorstellungen müssen immer wieder zugunsten der Haltungen Jesu zurückgestellt werden. Sie heissen ‚Barmherzige Schwestern **vom hl. Kreuz’**. Das Kreuz Jesu Christi ist ein ganz wichtiger Bestandteil ihrer Ordensspiritualität. Das Kreuz ist in letzter Zeit stark Diskussionsstoff geworden. Gerichte befassen sich sogar damit, ob es in Schulen, Rathäusern, Spitälern und Universitäten hängen darf. Mitte Oktober hat ein Geschäftsführer von Tourismus Schruns/Tschagguns im Vorarlberg in einem Rund-Mail an die Ferienwohngsvermieter folgendes geschrieben: *„Vermeiden sie in den Wohnungen möglichst religiöse Symbole. ....Religion ist etwas sehr Persönliches. Ein Kreuz oder ein Heiligenbild befremdet womöglich einen Gast, obwohl es für uns selbstverständlich ist.“* Wir sehen, vielen Menschen unserer Zeit, ja letztlich aller Zeiten, ist das Kreuz etwas Absurdes, Widersinniges, ein Ärgernis, wie es schon Paulus erfahren hat. Die Auseinandersetzung um das Kreuz zieht sich wie ein roter Faden durch alle Jahrhunderte hindurch. Sie wird weitergehen. Die Ablehnung des Kreuzes durch die ‚Kinder der Welt’, deren

Weisheit nicht weiter reicht als bis zum morgigen Tag, darf uns nicht irritieren, das hat auch ihre Ordensgründerin nicht irritiert. *„Ganz dem Gekreuzigten, darum ganz dem Nächsten, der Liebe Christi Stellvertreterin."* Das ist das Programm ihrer Kreuzesspiritualität. Eine Spiritualität, die wirklich nichts an Aktualität eingebüsst hat. Das Beispiel ihrer Ordensgründerin spricht davon Bände. Das zeigen ihre Mitschwestern, Sr. Ulrika Nisch und Sr. Zendka und den vielen Tausenden von Schwestern, die ihnen im Leben und Glauben als wahre und authentische Kreuzschwestern vorausgegangen sind? Das Beispiel lebend, das ihnen Mutter Maria Theresia gegeben hat, waren sie sich bewusst, dass sie als barmherzige Schwestern unter dem Kreuz Jesu stehen, das bedeutet: dass sie wie ihre Gründerin in der Nachfolge Jesu wie ein Weizenkorn sterben müssen, um viele Frucht zu bringen. Frucht die nicht gemessen wird nach der Grösse und den Werken der Gemeinschaft, sondern an dem Geist der Barmherzigkeit, an dem Geist der Seligpreisungen Jesu im ganz persönlichen Einsatz aus Glaube, Hoffnung und Liebe.

Ich komme zum Schluss. Sie haben in diesem Jubiläumsjahr viel gefeiert. Bestimmt wurden sie dabei ermutigt, im Wissen ihrer weltweiten Kongregation den Weg im neuen Jahrtausend hoffnungsvoll weiterzugehen. Ihre Gründerin gibt ihnen ein hoffnungsvolles Wort mit in die Zukunft: *„Seien sie nur getrost, der liebe Gott wird alles recht machen."* Das Jubiläumsmotto war ‚Hoffnung leben' . Das geschieht in ihrer Gemeinschaft! Davon bin ich fest überzeugt. Zeigen das nicht die zahlreichen Einsätze ihrer Schwestern weltweit, die versuchen in verschiedenen Tätigkeiten mit unterschiedlichen Mitteln Not zu lindern, zerrüttete Ehen heilen, behinderte Kinder betreuen, Menschen am Rand der Gesellschaft beistehen, Schwestern die vor allem in der Verborgenheit die seelischen und materiellen Nöte unseren Zeit vor den eucharistischen Herrn bringen. Gerade die vielen betagten und leidenden Schwestern, die nicht mehr direkt Not lindern können, haben das Privileg vor dem gekreuzigten Christus zu sein und als Barmherzige Schwestern den Herrn der Barmherzigkeit für Kirche und Welt anzuflehen. Sie alle sind ein grosser Segen für die ganze Kongregation. Denn das ist ein ganz wichtiger Dienst, der gleichsam an der Wurzel des Baumstammes ihrer Gemeinschaft geschieht, in der Verborgenheit, aber niemals wegzudenken ist.

Überall da verwirklicht sich das Jahresmotto ‚Hoffnung leben', wo sie im Geist ihrer Gründer sich für die Mitmenschen auf irgend eine Weise einsetzen, dass sie mehr Mensch werden können. Dazu sagt ihre Generaloberin, Sr. Louise-Henri : *„Gott selbst hat sich dafür bis zum Kreuz eingesetzt. Da findet unser Charisma seinen bedeutsamen Platz."* Ja, da findet ihr Charisma wahrlich seinen besondern

Platz. Von Herzen wünsche ich ihnen allen, dass ihnen das gelingen kann. Bitte wir ihre Ordensgründerin und ihre geistliche Mutter um Kraft und Ausdauer ihr Charisma in Kirche und Welt von heute auf ganz vielfältige Weise zu leben vermögen:

Selige Mutter Maria Theresia:

- *Du, eine Schwester den Kindern unserer Zeit*
- *Du, eine Mutter für die Kümmernisse unserer Herzen*
- *Du, eine Mutter in der Gefolgschaft des Auferstandenen*
- *Du, eine Mutter in den Stunden der Angst*
- *Du, eine Mutter über das Grab hinaus*
- *Du, ein Geschenk des Himmels für uns alle. Amen*
  (Sr. Sébastienne Keel)

Predigt zum Weihetag der Lateranbasilika

1 Kor 3,9c-11.16-17 Joh 2, 13-22

Liebe Schwestern und Brüder, liebe Mitchristen

Einer der grössten und mächtigsten Päpste der Kirche, der mittelalterliche Innozenz III. hatte einmal einen Traum: Da sah er seine Bischofskirche, die Lateranbasilika wanken. Bevor sie zu einzustürzen drohte, sah er einen kleinen Mann mit einer grau-braunen Kutte bekleidet daherkommen, der dieses wankende, mächtige Gebäude zu stützen begann. Tatsächlich, dieser unscheinbare und kleine Mann konnte diese mächtige Basilika vor dem Einsturz retten, indem er sie stütze! Tags darauf stand derselbe kleine Mann vor ihm, und bat ihn, ihm und seinen Brüdern doch seine Regel, ein radikales Leben nach dem Evangelium zu leben, zu bestätigen. Innozenz tat es, denn er erkannte in seinem Innern, dass dieser prophetische Mann, **Franz von Assisi**, mit seinem evangelischen Leben, die Kirche des Mittelalters vor dem Einsturz bewahren konnte. Ja, es war gut, dass der mächtige Innozenz auf seine innere Stimme hörte.
Heute feiern wir den Weihetag dieser Kirche, die Br. Franz im Traum des Innozenz stützte. Es die Kirche, die bereits im 4. Jahrhundert eingeweiht wurde und zur ***'Mutter und Haupt aller Kirchen des Erdkreises'*** wurde. Wir feiern heute also nicht nur die Papstkirche, sondern auch die Kirche aller Kirchen, zu der wir alle dazugehören. Wir sind durch die Taufe gleichsam Mitglieder dieser universalen Kirche, des mystischen Leibes Christi geworden. Dieser Festtag feiern wir dieses Jahr auch mit dem Tag der Völker, oder wie er auch genannt wird: 'Ausländersonntag', zusammen. Alle Völker, ja alle Menschen, die auf den Namen Jesu getauft sind, haben in dieser Kirche ihr Heimatrecht.
Was möchte uns das Kirchweihfest dieser, ja aller Kirchen überhaupt sagen? In der Kirche spielt sich das Leben des Menschen ab. Das heisst: Alle wichtigen Knotenpunkte im Leben haben irgend eine Beziehung zur Kirche, zum Gotteshaus. Hier wird man getauft, hier gefirmt, hier schliesst man die Ehe, feiern Priester Primiz und versammelt sich das Volk Gottes, hier kann der Sünder Versöhnung erfahren und hier nimmt man Abschied von einem geliebten Menschen. Das ganze Leben des Menschen, mit seinen Höhen und Tiefen, hat hier einen Ort, wo es aufgenommen wird und in ein grösseres Ganzes, in eine Gemeinschaft, eingebettet wird. Es geht bei allem, was in der Kirche und im Gotteshaus geschieht, viel mehr als nur um menschliches Leben. Es geht darum, dass alles, was wir tun, auch mit Gott zu tun hat. Das gilt natürlich immer und

überall, aber der Mensch braucht ganz bestimmte Orte und Zeiten, wo das, was immer und überall gilt, in verdichteter, deutlicher Form zum Ausdruck kommt. Gott braucht kein Haus, das ist klar; und wie es im Buch der Könige heisst, (vgl. 1 Kön 8,22ff), ein Haus könnte Gott auch gar nicht fassen. Aber der Mensch braucht ein Gotteshaus, einen Ort, wo Gott ihn anfassen kann, einen Ort des Gebetes und der Gnade, darum ist Jesus im heutigen Evangelium so radikal bei der Tempelsäuberung, der Tempel soll ein Gebetshaus und keine Markthalle sein! Ein Gotteshaus ist ein Ort wo der Mensch in allen seinen Situationen, in Freude und Leiden, in Schuld und Trauer, von Gott angenommen ist. Der Sehnsucht nach Glück und ewiger Geborgenheit des Menschen, kommt Gott stark entgegen: Da ist sein Haus, durch menschliche Arbeit aus Stein oder Holz gebaut, da sind die Sakramente mit ihren handgreiflichen Zeichen, da sind Mitmenschen, Priester und Ordensleute, welche mit ihrer ganzen Existenz im Dienst eben dieser Sorge Gottes um den Menschen sind. Es wäre jetzt wirklich ungerecht, einseitig nur von Krisen und Spaltungen in der Krichengeschichte zu sprechen, man muss doch auch das viele Gute sehen, das in den jahrtausenden der Kirchengeschichte geschehen ist und immer noch geschieht.

Vergessen wir nicht, was ich eingangs erwähnt habe. Ein kleiner, unscheinbarer Mann hat die grosse Lateranbasilika gestützt. Ein Zeichen auch dafür, dass wir alle für diese Kirche Verantwortung tragen. Es ist nämlich auch an uns diese krisengeschüttelte Kirche, besonders die Kirche Schweiz zu stützen, durch unser Beten und Opfern, ihr mit Wohlwollen zu begegnen, sie zu lieben. Wir sollten sie vor allem durch unser zeugnishaftes Leben nach dem Evangelium stützen, egal, welchem Stand wir angehören, ob wir im Kloster oder in der Welt leben, wir sollen diese Kirche stützen so gut wir können.

Ein weiteres ist ganz wichtig zu sehen und darauf hat uns der Apostel Paulus in der Lesung hingewiesen, in dem er sagt: *„Wisst ihr nicht, dass ihr Gottes Tempel seid und der Geist Gottes in euch wohnt?“* Wir Christen sind zu Tempeln des dreifaltigen Gottes geworden. Gott will nicht allein in steinernen Häusern wohnen, sondern in lebendigen Herzen der Menschen. Darum hat sich der Sohn Gottes ganz tief erniedrigt: ER wurde uns gleich, nahm den bitteren Tod auf sich, um uns mit Gott zu versöhnen. Seine tiefste Erniedrigung vollzieht er ständig in der Feier der Eucharistie. Zu diesem Geheimnis kann der hl. Franz von Assisi nur sagen: *„Seht Brüder, die Demut Gottes!“* Gott wird zum Brot, legt sich in unsere Hände, dass wir ihn essen, ihn in uns einverleiben können. So werden wir immer wieder selbst zu Tempeln Gottes. Das feiern wir immer wieder in jedem Haus Gottes, in jeder Kirche. Die Lateranbasilika steht an ihrem Weihetag stellvertretend für alle Kirchen der Welt da. Darum betet Br. Franz im sog. **Franziskanischen**

Kreuzgebet, immer wenn er eine Kirche betritt oder schon vom Weitem sieht: *„Wir beten dich an, Heiligster Herr Jesus Christus, hier und im Blick auf all deine Kirchen hin, die auf der ganzen Welt sind, und wir preisen dich, denn durch dein hl. Kreuz hast du die Welt erlöst."* So ist jede Kirche ob Lateran oder Klosterkirche Muotathal, Tempel Gottes, in dem wir selbst zu Tempeln Gottes geworden sind. Wie der Apostel Paulus sagt: *„Der Tempel Gottes seid ihr."*
Möge sich das durch Gottes Gnade immer mehr Realität werden. Amen

Nachprimiz Benjamin Schmid im Kloster Näfels

Einleitung
„Ein Bildchen nur! Doch kann auf Erden kein Denkstein aufgerichtet werden, der Grösseres zu künden hat, als ein Mensch im Staubgewande den Segen gibt dem ganzen Lande und opfern darf an Christi Statt." P. Maurus Carnot OSB 1931, Disentis für einen Primizianten.
Von einem solchen tiefen Glauben geprägt kommt sicher auch der Ausspruch aus früheren Zeiten: *„Man muss ein paar Schuhe durchlaufen, um den Segen des Neupriesters empfangen zu können."*

Wir sind dankbar, dass wir nun eine Primizmesse mit dir lb. Benjamin erleben dürfen. So darf ich Dich nun bitten den Vorsteherdienst zu übernehmen.

Lieber Neupriester Benjamin, liebe Mitchristen

„Wenn es sich träfe, dass ich einen Heiligen, der gerade vom Himmel kommt und irgendeinen armseligenPriester zugleich begegnete, würde ich zuerst dem Priester die Ehre erweisen und mich sofort anschicken, seine Hände zu küssen. Ich würde sagen, o geduldige dich ein wenig hl. Laurentius, denn die Hände dieses Priesters berühren das Wort des Lebens, und sie besitzen etwas, das über alles Menschliche hinausgeht." (2 Celano 201). Das liebe Mitchristen, sind Worte des hl. Franz von Assisi. Er selbst, der nicht Priester war, er war Diakon, hatte eine grosse Ehrfurcht vor den Priestern, dass er nicht darauf schaute, ob einer heilig oder gar sündig lebte. Für ihn war massgebend: Die Priester berühren das Wort des Lebens und besitzen etwas, das über das Menschliche hinausgeht. Wie kommt es, dass er eine solche Hochachtung vor dem Priester hatte? „Ich sehe in ihm den Sohn Gottes", pflegte er zu sagen. Als Bischof Vitus, dir und deinen drei Mitweihekollegen die Hände auflegte, hat sich in dieser schlichten Geste Christus in der Kraft des Hl. Geistes in dein Wesen eingesenkt, hat dich für immer unauslöschlich geprägt, besiegelt und mit priesterlicher Vollmacht ausgestattet. Du stehst nun der apostolischen Sukzzession, die sich seit den Aposteln bis auf den heutigen Tag durch Handauflegung, die Weitergabe des priesterlichen Amtes erhalten hat. Auch für dich gelten die Worte des Ap. Paulus an Tim in der heutigen Lesung: *„Durch den Willen Gottes zum Apostel Christi Jesus berufen, um das Leben in Jesus Christus , das uns verheissen ist, zu verkündigen."*Somit ist der Hohe Priester Christus in dir durch die Weihe wirklich sakramental zugegen. Darum kannst du

nun immer wieder in der Ich-Form Jesu Christi sprechen: *„Das ist mein Leib, das ist mein Blut. Ich taufe dich auf den Namen des Vaters, ich spreche dich los von deinen Sünden."* In dir dem nun geweihten Priester, der du in der Person Jesu Christi sprichst und handelst, ist Jesus Christus in besonderer Weise gegenwärtig. Das ist der tiefste Grund, warum der hl. Franz v. Assisi sagen konnte: „Ich sehe im Priester den Sohn Gottes."

Es ist sicher nicht Schwarzmalerei wenn ich sage, dass unsere Umgebung zunehmend glaubenslos, säkularisiert geworden ist. Es ist doch eine Tatsache, dass für viele Zeitgenossen Gott so etwas wie zur Nebensache geworden ist. Tabu, etwas, worüber man nicht spricht, etwas, das man vielleicht braucht, wenn es einen nicht so gut geht. Ja, braucht es da noch den Priester? Ja, gerade unsere Zeit braucht ihn. Sie braucht den Menschen, der seine Mitmenschen zur Gotteserfahrung führt und das nicht nur gelegentlich, nicht nur für ein paar schöne Stunden, sondern ein Leben lang. Unsere Zeit braucht den Priester, den Menschen mit einem grossen Herzen in einer oft so herzlosen Umgebung. Müsste der Priester nicht erfunden werden, wenn es ihn nicht gäbe? Doch der Priester ist keine Erfindung irgend welcher Gesellschaftspolitiker alter Zeiten. Den Priester gab und gibt es nicht, weil Notzeiten des Glaubens nach ihm riefen, sondern den Priester gab und gibt es, weil es unseren Herrn Jesus Christus gibt. Weil er will, dass sein Werk bis ans Ende der Zeiten sichtbar, spürbar gegenwärtig bleibt. *„Ich bin bei euch bis ans Ende der Zeiten*". Ist der Priester nicht ein Garant dafür? Das ist eine der schönsten Aufgaben des Priesters, nämlich sichtbar zu machen: Gott ist da!

Christsein im 3. Jahrtausend fordert von uns allen Mut und Echtheit. Priestersein in dieser Zeit noch mehr, wo doch alles so aufgeklärt erscheint, wo viele der Kirche und dem Glauben den Rücken drehen, da braucht es Überzeugungskraft und Mut auch gegen den Strom zu schwimmen. Da braucht es eine tiefe Verbindung zu Christus, eine starke Freundschaft mit ihm, die durch alle Schwierigkeiten hindurch trägt. Benjamin, du bist ein Freund Jesu, nicht erst jetzt, wo du Priester ist, du warst es schon vorher. Dennoch möchte ich dich lieber Benjamin ermuntern diese Freundschaft mit dem Herrn intensiv zu pflegen, ja jetzt als Priester noch zu intensivieren. Nur das wird dein Leben, wo immer du hingehen wirst, tragen. Liebe Mitchristen, eines müssen wir uns bewusst bleiben, auch wenn unserem Neupriester viel Hohes und Heiliges in die Hände gelegt worden ist, macht das Sakrament der Priesterweihe den Empfänger nicht einfach zu einem Superman. Auch Priester werden nicht einfach als Heilige geboren oder sind gar unanfechtbare Helden. Gerade aus diesem Grund brauchen sie unser Mitgehen, unser Beten. Möge er deshalb auf verschiedenste Arten spüren, ich bin

auf diesem Weg nicht allein, so viele gehen mit und tragen mit durch ihr Gebet, ihre Sympathie, ihre Freundschaft. Begleiten sie Benjamin und alle Priester immer wieder durch ihr Gebet.
Unsere Kirche und Welt braucht Priester. Lieber Benjamin, du wurdest wie die Jünger Jesu gesandt. *„Gott hat uns nicht einen Geist der Verzagtheit gegeben, sondern den Geist der Kraft, der Liebe und Besonnenheit."* Wie der Apostel in der Lesung sagt. Die Freundschaft mit JESUS, der dich berufen hat trägt dein Leben gibt dir Kraft und Liebe. Lass dich immer wieder neu von IHM ergreifen, indem du IHM sagst: Hier bin ich, adsum: Bruder und Diener jener, die du mir gegeben hast. Und Jesus wird dir antworten: Ich tue es mit dem Worten des franz. Priesters Michel Quoist:
„Mein Freund, du bist nicht allein, ich bin mit dir, ich bin du. Denn ich bedurfte einer Menschheit als Ergänzung, um meine Menschwerdung und meine Erlösung fortzusetzen. Von aller Ewigkeit habe ich dich erwählt, ich brauche dich. Ich brauche deine Hände, um meinen Segen fortzusetzen, ich brauche deine Lippen, um mein Sprechen fortzusetzen, ich brauche deinen Leib, um mein Leiden fortzusetzen, ich brauche dein Herz, um meine Liebe fortzusetzen, ich brauche dich, um meine Erlösung fortzusetzen, bleibe bei mir mein Freund." Amen

Fürbitten
Herr Jesus Christus, du bist der gute Hirte deiner Herde. Du schenkst uns ewiges Leben. Du hast uns in deiner liebenden Hand und niemand kann uns dir entreissen. Wir bitten dich voll Vertrauen:

- Für unseren Neupriester Benjamin Schmid, schenke ihm tiefen Glauben und Zuversicht, lass ihn auf seinem priesterlichen Weg für die Menschen Zeichen der Hoffnung in dieser Welt sein.
- Für alle, die in deiner besonderen Nachfolge stehen und dein Hirtenamt zu verwalten haben. Hilf ihnen, durch ihr Leben und durch ihren Dienst Zeugnis abzulegen für deine Verheissung.
- Für die Väter, dass sie ihren Kindern ein solches Bild von dir vorleben, das Anreiz zur Hingabe an dich werden kann. Und für die Mütter, die oft unbemerkt ihren Dienst tun, dass sie dadurch ihren Kindern den Sinn und die Freude eines selbstlosen Lebens aufzeigen.
- Für alle, die du in deine besondere Nachfolge als Priester oder Ordenschristen berufen willst: Hilf ihnen deinen Ruf zu vernehmen, schenke ihnen Mitmenschen, die sie in ihrem Entschluss bestärken und gib ihnen Mut dir nachzufolgen.

- Für alle unsere lieben Verstorbenen: Lass sie nun mit dir auferstehen, weil sie ihr ganzes Leben dich gesucht, an dich geglaubt und auf dich gehofft haben.

Vater im Himmel, du hast uns in deinem Sohn Jesus Christus einen guten Hirten gegeben, der uns geleitet zu deiner Herrlichkeit. Dir sei die Ehre, jetzt und in Ewigkeit. Amen

Diese Predigt wurde anlässlich der Nachprimiz des Neupriesters im Franziskanerkloster Mariaburg, in Näfels gehalten und zwar am 6. Juni 2018

Mein Brief an Franziskus

Lieber Bruder Franz

Heute schreibe ich Dir zu Deinem Namenstag, den Du am 4. Oktober begehst. Die Kirche feiert Dich als einen ihrer grössten und bekanntesten Heiligen. Kaum ein Heiliger hat eine so breite Akzeptanz wie Du. Die Umweltschützer erinnern sich, je nach ihrer konfessionellen oder weltanschaulichen Zugehörigkeit, an ihren Patron und ihr Vorbild. Sozialreformer sehen in Dir einen Prediger des Klassenkampfs. Traditionelle Christen erkennen in Dir einen treuen Anhänger von Papst und Kirche. Fortschrittliche nehmen Dich auf ihre Seite, weil Du nach ihrer Auffassung die Kirche von unten vertrittst. Aussteigern dient Dein Vater-Sohn-Konflikt als Erklärung, dass Du aus der damaligen Gesellschaft ausbrachst. Ein grosser Teil der Christen verstehen Dich als den unbeschwerten Spielmann Gottes und Wanderprediger, der selbst den Vögeln predigte. Die unterschiedlichen und teilweise recht gegensätzlichen Deutungen von Dir hängen zweifellos mit der Vielschichtigkeit Deiner Persönlichkeit zusammen. Weil Deine Person für so viele Deutungen offen ist, bist Du zu Identifikationsfigur so vieler Menschen geworden. Für mich bist Du ein Mensch der Seligpreisung Jesu (vgl. 5, 3-12): *„Selig, die arm sind vor Gott..."* Du bist auf Deinem Weg wirklich arm geworden, als Du Dich von allem lossagtest, um ganz dem armen gekreuzigten Jesus nachzufolgen. *„Selig die Barmherzigen...."* Du hattest wahrlich ein Herz für die Menschen am Rand, die Aussätzigen, die Kleinen und Geringen. *„Selig die Frieden stiften...."* Du versöhntest die verfeindeten Parteien von Bischof und Bürgermeister in Assisi. Das alles und vieles andere mehr konntest Du tun, weil der Geist der Seligpreisungen Jesu Dich drängte. *„Freuen dürfen sich alle, die mit leeren Händen vor Gott stehen"*, heisst die erste Seligpreisung in einer modernen Fassung. Du bist ein ganz solcher Mensch! Du hast Dich freiwillig für die Armut entschieden. Für Dich war das nicht einfach eine Modeerscheinung oder Protest gegen die damalige reiche Gesellschaft und Kirche. Es ist vor allem die Wahrheit über die eigentliche Situation von uns Menschen. So sagst Du treffend in einer Deiner Mahnungen: *„...das, was der Mensch vor Gott ist, das ist er und nicht mehr." (Erm 19)* Damit sagst Du Deinen Zeitgenossen aber auch uns Heutigen, dass wir Menschen nichts ändern können durch Geld, Besitz, Macht oder Ansehen. Wir bleiben letztlich alle angewiesen auf das Leben, die Sonne, das Wasser, die Liebe unserer Mitmenschen, auf Gott unseren Schöpfer. Deine gelebte Armut ist ein praktiziertes Glaubensbekenntnis: Gott ist der Schöpfer aller Dinge und wir als seine Geschöpfe bleiben von ihm abhängig. Das ist auch der tiefere Grund, warum Du zu allen Geschöpfen ein geschwisterliches Verhältnis hattest. So wolltest Du weder über die Menschen, noch über irgend ein Geschöpf Macht

ausüben; mehr noch, Du wolltest sogar jeglicher Kreatur untertan sein und zwar um des Schöpfers willen, der ja über allen Geschöpfen steht.
Ein ganz entscheidender Grund Deines Armseins war Jesus. Weil Jesus arm in die Welt kam, als Armer gelebt und gearbeitet hat und als Armer am Kreuz gestorben ist, warst Du von der Armut Deines Herrn und Meisters so angezogen. Für Dich bedeutete die Seligpreisung der Armut nicht lästige Pflicht, sondern befreiender Zustand, der Dich mit den Armen Deiner Zeit solidarisch machte, denen Du immer wieder Barmherzigkeit erwiesen hast. Die Seligpreisungen Jesu führten Dich zu tiefer Achtung vor jedem Menschen, egal welcher Rasse, Nation und Religion er angehörte. Um Frieden zu erreichen, schlossest Du jegliche Gewaltanwendung aus. Frieden war für Dich nicht nur ein Ziel, sondern war Dein Lebensstil, Deine Methode, Deine Lebenshaltung. Du warst ein echtes Werkzeug des Friedens, allerdings nicht durch moralische Appelle und Rechthaberei, sondern durch Barmherzigkeit und Herzensgüte.
Lieber Bruder Franz, lehre uns Menschen des 3. Jahrtausends aus dem Geist der Seligpreisungen Jesu zu leben, geistig und materiell ärmer und einfacher zu werden, um uns vom liebenden Gott abhängig zu wissen. Lehre uns barmherzig zu handeln, denn viele leiden in unserer oft so herzlosen Gesellschaft und Welt. Zeige uns neue Wege, wie wir in der Gefolgschaft Jesu echte Werkzeuge des Friedens sein können in einer Welt, wo so viel Hass, Krieg und Unmenschlichkeit den Ton angeben!
Danke, lieber Br. Franz, für Dein wunderbares Beispiel! Viele Brüder und Schwestern sind Dir bis zum heutigen Tag gefolgt. Viele verehren wir als Heilige. Viele sind uns unbekannt, von denen keine Heiligenlegende und kein Geschichtsbuch berichtet, die aber dennoch wie Du Menschen der Seligpreisungen waren. Wenn wir mit Dir verbunden sind, sind wir es auch mit ihnen. Lass uns Dich und sie alle nicht nur bewundern, sondern versuchen, Deinem und ihrem Beispiel zu folgen. Mit Br. Thomas von Celano, Deinem ersten Biographen, möchte ich Dich nun bitten: *„Heiliger Vater Franziskus, gedenke all Deiner Töchter und Söhne, die von grossen Sorgen und Gefahren bedrängt sind. Du weißt, dass sie Deinen Spuren nur von ferne folgen. Gib ihnen die Kraft zu widerstehen! Reinige sie, so dass sie leuchten! Gib ihnen Freude als Vorgeschmack der Seligkeit. Erlange, dass über sie ausgegossen werde der Geist der Gnade und des Gebetes, damit sie die wahre Demut haben, die Du gehabt, damit sie die Armut beobachten, die Du gehalten, damit sie die Liebe verdienen, mit der Du immer Christus, den Gekreuzigten, geliebt hast“ (2 Cel 224*). Danke für Dein Fürbittgebet für uns!
Dein Mitbruder Gottfried

Mein Brief an Sr. Klara

Liebe Schwester Klara
Strahlende Menschen tun gut. Sie können wie die Strahlen der Sonne wärmen, bringen Licht in die Dunkelheit, ja bringen sogar Eis zum Schmelzen. Strahlende Menschen tun einfach gut! Du, liebe Sr. Klara, heisst nicht nur ‚die Strahlende', Du bist auch eine Strahlende, eine Lichtvolle. Mit Deiner Strahlkraft kam viel Licht und Helligkeit ins finstere, dunkle Mittelalter hinein. Deine Strahlkraft hat aber mit Deinem Übergang ins ewige Reich nicht einfach aufgehört. Das habe ich in San Damiano zu Assisi persönlich erfahren, an dem Ort, wo Du über 40 Jahre gelebt hast. Hier spricht nämlich noch alles von Dir: der schlichte Betchor, die kleine Krankenkapelle, der Schlafsaal, das Refektorium, das Gärtchen. Hier habe ich mich immer wieder gefragt: Was war denn die eigentliche Treibkraft, dass Du, adelig von Haus aus, mit guter Bildung ausgerüstet, eine schöne und anmutige Frau, die viel Reichtum und grosses Ansehen besass, dass Du dieses harte, für uns verweichlichte Heutige kaum lebbare, strenge Leben gewählt hast? Mir kam da ein Satz Deines Testamentes in den Sinn, wo Du sagst: *„Der Sohn Gottes ist uns Weg geworden."* Ja, JESUS ist Dein eigentliches Geheimnis! Der Sohn Gottes, der sich in seiner Menschwerdung vor 2000 Jahren so erniedrigte, dass er uns wirklich in allem gleich wurde ausser der Sünde (vgl. Phil 2). Der sich gleichsam in Raum und Zeit eines menschlichen Lebens einfügte, um ganz mit uns Menschen solidarisch zu sein. Seiner Fussspur bist Du ganz radikal, prophetisch gefolgt. Ihn als Schatz im Acker zu erwerben (vgl. Mk 13 44-46), hast Du nicht nur Deine Familie, sondern allen Reichtum, jegliche Bequemlichkeit und Sicherheit verlassen, um ausserhalb der geschützten Stadt Assisi Dich auf das Abenteuer der ‚Minderen', wie sich die Bewegung um Franziskus nannte, einzulassen. Als Zeichen, dass Du es ernst meintest, hat Br. Franz Dir Deine schönen blonden Haare geschnitten. Denn von nun an solltest Du nur noch Christus gehören. Kahlheit, Schleier und rauhe Kutte waren der äussere Ausdruck Deiner Weihe an ihn. In San Damiano, wo die Minderbrüder Dir eine Bleibe hergerichtet hatten, begannst Du mit Deiner leiblichen Schwester Katharina, die den Namen Agnes annahm, ein strenges Leben der Busse und Kontemplation. Dein radikales evangelisches Leben, das Du innerhalb der Klostermauern von San Damiano führtest, konnte nicht verborgen bleiben. Deine Strahlkraft wirkte über die Mauern hinaus. Es schlossen sich Dir Frauen an, die das Leben mit Dir teilen wollten: Adelige, Bürgerliche, Bauertöchter, Mittellose. Unter ihnen waren auch Deine Mutter Hortulana und Deine jüngere Schwester Beatrix, Cousinen und Jugendfreundinnen. Aus allen Ständen kamen sie. Du machtest keinen

Unterschied. Alle waren Dir willkommen, wenn sie bereit waren, in dieser Lebensform dem armen und gekreuzigten Jesus nachzufolgen. Wie machtest Du das nur, alle diese über 50 Frauen zu ernähren, mit ihnen auf dem engsten Raum zusammenzuleben? Ihr lebtet nur von Almosen, von dem, das die Vorsehung Euch brachte. Einmal war sogar nur ein Brotlaib für die ganze Gemeinschaft im Haus. Du teiltest dann aus und es reichte für alle. Ein neues Wunder der Brotvermehrung!

Br. Franz hat Dich inspiriert, die evangelische Armut zu leben. Das hat Dich veranlasst, sie mit allen Mitteln zu verteidigen. Nicht einmal der Kirchenleitung gelang es, Euer Kloster mit Gütern und Ländereien auszustatten. Eisern hast Du um das Privileg gekämpft, ganz arm und ohne jeglichen Besitz zu sein. Ich staune auch, mit welcher Zielstrebigkeit Du um die die franziskanische Lebensform gerungen hast. Die Verantwortlichen der Kirche verlangten von Dir und Deinen Schwestern, nach der altbewährten monastischen Regel des hl. Benedikt zu leben. Nicht dass Du das verachtet hättest, es war nicht Deine Berufung. Du hast nicht geruht, bis die Kirche Dir Deine eigenhändig geschriebene Franziskanische Regel approbierte. So bist Du die erste Frau in der Kirchengeschichte, die eine eigene Regel schrieb.

Dein Erkennungszeichen ist die Monstranz. Denn Dein unermüdliches Gebet vor dem eucharistischen Herrn wurde Deiner Heimatstadt und Deinem Kloster zur Rettung. Während nämlich 1240 Sarazenen in die Stadt eindrangen, liessest Du Dich, obwohl Du krank darniederlagst, zur Klostertüre hinführen und Dich gleichsam vor die Feinde legen. Dabei trug der Kaplan ein Ziborium mit dem Leib des Herrn vor Dir her. Dein intensives Gebet vor der Demut Gottes, der Eucharistie, schlug darauf die Angreifer in die Flucht. Ich bewundere Deine Stärke, aber noch viel mehr Deinen unerschütterlichen Glauben an den Herrn, der in der Eucharistie gegenwärtig ist. Dein felsenfester Glaube an den Gekreuzigten und Auferstandenen liess menschlich gesehen Unmögliches möglich werden!

Br. Franz hat Dich nach San Damiano geführt, Dich auf diesem Weg unterstützt. Er wurde Dir schon nach 14 Jahren genommen. Jetzt hattest Du nur noch Jesus, worauf Du Dich stützen konntest. Da hast Du Dich ganz von ihm – dem Licht, der Sonne, im Gebet, in der Arbeit, ja während Deiner beinahe 30jährigen Krankheit – so bestrahlen lassen, dass Du selber für viele zu einem strahlenden Licht wurdest. Es muss uns daher nicht erstaunen, dass Dich die Menschen von nah und fern aufsuchten. Oft waren sie von den verschiedensten körperlichen und seelischen Leiden geplagt. Du hattest das Charisma des Heilens. Immer wieder hast Du diesen Menschen, Deinen Mitschwestern im Kloster und Frauen und Männern

aller Stände das Zeichen des Kreuzes, das Zeichen der Erlösung auf ihre Stirn gezeichnet. Wieviel Not Du da gelindert hast, weiss nur Gott allein!
Als Dein irdisches Leben langsam zu Ende ging, sagtest Du zum Schöpfer: *„Sei gepriesen, dass Du mich erschaffen hast!“* Zeugt dieser Ausspruch nicht von einem reich erfüllten Leben? Du sagst nicht einfach: „Gott sei Dank ist jetzt alles vorbei, die Krankheit, das harte Leben hier, der Kampf mit den Kirchenleuten.“ Nein, Du dankst dem Herrn für Dein Leben, für Br. Franz, seine Brüder, Deine Schwestern, Dein Leben in der Klausur von San Damiano. Obwohl dieses Leben sehr entbehrungsreich war, war es ein erfülltes, sinnvolles Leben, weil es ein Leben ganz für Jesus und den Nächsten war.
Danke, liebe Sr. Klara, für Dein strahlendes Zeugnis. Deinem Beispiel sind viele Schwestern gefolgt, bis zum heutigen Tag. Dein Orden ist immer noch im Wachsen begriffen. Ein weiteres Zeichen Deiner Strahlkraft bis heute! Lass Deine Mitschwestern, die heute Deinem Ideal folgen, erfahren, wo die eigentlichen Quellen liegen, damit sie diese den dürstenden Menschen unserer Zeit zeigen können. Du bist dem armen Jesu radikal nachgefolgt, ohne dabei andere Christen, die das nicht taten, zu verurteilen. Bitte für uns bei Gott, dass wir echt und überzeugend unsere Berufung leben können. Dein liebender Umgang mit dem Herrn möge für uns alle in unserer lauten und hektischen Zeit Ansporn sein, Gott in der Stille und Kontemplation zu suchen.
Papst Pius XII. hat Dich zur ‚Patronin des Fernsehens’ ernannt. Lass uns im Zeitalter des Computers und des Internet vernünftig mit diesem Medium umgehen, dass es der Menschheit zum Nutzen und nicht zum Schaden wird. Schenke uns etwas von Deiner Strahlkraft, damit auch wir unsere Welt von heute etwas heller machen können.
In Deinem Br. Franz verbunden grüsse ich Dich

Dein Mitbruder Gottfried
Diese zwei Briefe habe ich auch als Predigt verwendet. Sie sind im Buch Franziskanerinnen und Franziskaner, Kanisius 2000, Freiburg, Schweiz, veröffentlicht worden

Gottesdienst zum Klarafest

Gnade und Friede von Christus, der immer wieder Menschen in seine Nachfolge ruft, sei mit euch!

Einführung und Bussakt

Wir feiern heute das Fest der hl. Klara. Mit 18 Jahren schloss sich die junge adelige Chiara Favarone Offreducio der franziskanischen Bewegung an. Sie und ihre über 50 Mitschwestern lebten in San Damiano in grosser Strenge und äusserster Armut. Klara kämpfte darum, dass ihr Kloster keinen Besitz annehmen musste, ja bat sogar den Papst um das Privileg, nach der äusserten Armut leben zu können.

Es war ein und dieselbe Liebe die Klara und Franziskus aus der Welt herausgeführt hatte, um so je auf eigene Weise dem armen und menschgewordenen Gottessohn zu dienen.

Klara, die Strahlende, sie konnte dies wirklich nur sein, weil sie sich von Christus der Sonne, die keinen Untergang kennt, im Gebet und in der Kontemplation so bestrahlen liess, dass sie für andere selbst zu einem strahlenden Licht wurde.

Bevor wir nun das Mahl unseres Herrn Jesus Christus feiern, der sich für uns erniedrigt hat, wollen wir uns besinnen und um das Erbarmen des Herrn bitten.

- Herr Jesus Christus, du bist für uns den Weg des Menschen gegangen, in allem uns gleich ausser der Sünde. Herr..
- Dein Wort und deine Frohbotschaft an uns Menschen ist immer wieder Einladung, dir zu folgen. Christus..
- Im Leben und Beispiel der hl. Klara erkennen wir unseren Weg zur dir. Herr...

Predigt zu Phil 2 und Joh 15

Wir feiern in diesem Gottesdienst einen Menschen, der zwar vor 2000 Jahren gelebt hat, aber dessen Strahlkraft noch bis in unsere Zeit hineinreicht: Klara von Assisi. Chiara, die Strahlende, deren Strahlen das dunkle Mittelalter heller gemacht haben.

Chiara Favarone di Offreducio 1193/94 in Assisi geboren, gehörte zur adeligen Oberschicht Assisis, den Adeligen. In ihrer aristokratischen Erziehung lernte sie

nicht nur höfische Umgangsformen und häusliche Arbeiten, sondern sie lernte auch lesen und schreiben. Ihre fünf Briefe an Sr. Agnes von Prag, die Regel und das Testament sind Zeugen dafür, dass sie nicht nur gut und tief schreiben konnte, sondern auch
die lateinische Sprache fliessend beherrschte. Obwohl ihre Familie, wie in solchen Kreisen üblich, auf eine gute adelige Partie ihrer Tochter hoffte, schlug sie die Heirat aus. Sie, die schon seit frühester Zeit ein besonderes Sensorium für die Gottes- und Nächstenliebe hatte, wollte sich Gott ihrem Schöpfer ganz in einem ehelosen Leben weihen. Dazu kam die Bekanntschaft mit dem ehemaligen Jugendkönig der Stadt Assisi, Francesco Bernardone, der zugunsten des Evangeliums auf Rang und Namen, auf Geld und das Geschäft seines Vaters verzichtete und ein armes Wanderpredigerleben führte und Aussätzige pflegte. Seine Predigten, radikal nach dem Evangelium Jesus Christi zu leben, veranlasste sie, ihre Familie, ihren Besitz, ja ihren Stand zu verlassen und in seine Gefolgschaft zu treten. Sie tat das allerdings nicht wie Br. Franz und seine Brüder im Apostolat und der Wanderpredigt, sondern innerhalb des Klosters in einem beschaulichen Leben. Schnell hatte sie Gefährtinnen, meist Frauen aus reichen adeligen Familien Assisis und Umgebung. Sie versuchten das Ideal des Franz von Assisi, ein evangelisches Bussleben, innerhalb des Klosters zu verwirklichen. Das war damals etwas Neues. Die Klöster waren sehr reich, hatten viele Ländereien. Im Klösterchen von San Damiano, das Br. Franz mit seinen Brüdern eigenhändig für die Schwestern instand stellte, lebten die über 50 Schwestern in äusserster Armut. Ja, Klara erbat von der Kirche sogar ein Armutsprivileg, dass ihr Kloster gar nichts an Besitz annehmen musste. Wir können sagen, dass die Schwestern innerhalb des Klosters so radikal arm lebten, wie es Br. Franz und seine Brüder in der Welt draussen lebten. Sie lebten nicht viel besser als die Aussätzigen ihrer Zeit. Im Klösterchen von San Damiano führte Klara und ihre Schwestern über 40 Jahre ein Leben des Gebetes, der Busse, des Opfers und der Arbeit.
Woher hatte sie die Kraft, ein solches Leben zu führen? Was war der eigentliche Grund ein solches Leben der Entbehrung in aller Abgeschlossenheit zu führen? Ich denke unsere beiden Lesungen können uns darauf eine Antwort geben. Es ist nur im Blick auf Christus zu verstehen. Dieser Jesus, der Gott war, hielt nicht daran fest wie Gott zu sein, sondern entäusserte sich, wurde wie ein Sklave und den Menschen gleich. Dieser Gott, der Schöpfer des Himmels und der Erde, der in Jesus Christus Mensch geworden, in allem uns gleich wird, ausser der Sünde, der sich gleichsam in Raum und Zeit eines menschlichen Lebens einfügte, um ganz mit uns Menschen solidarisch zu sein. Dieser menschgewordene Gott war es für den Klara ihre Schönheit, ihr Ansehen, ihr Wissen nicht an erster Stelle ihres

Lebens setzte, sondern Gott und sein Reich. Dieses harte Leben der Armut, der Klausur, der Entbehrung, war nur möglich, weil Klara ganz im Weinstock Christus verankert war. Nur dadurch konnte sie diese wunderbaren Früchte hervorbringen, weil sie aus der tiefen Verbindung mit dem Weinstock Christus heraus lebte. Klara fühlte sich als Traube des Weinstocks Christus auch für die anderen, die schwächeren Glieder am Weinstock Christi, der Kirche verantwortlich. Sie selber sagt ihrer geistlichen Freundin und Schwester, Agnes von Böhmen, der Gründerin des Prager Klarissenklosters: *„Wir sind Stützen der schwachen und zerbrechlichen Glieder der Kirche."* Stellvertretend stand sie und ihre Mitschwestern für die vielen Menschen Tag und Nacht vor Gott, trugen im Gebet und Opfer das Apostolat der Minderbrüder vor den Herrn. Still und verborgen halfen sie so der Verkündigung der Brüder, die auf den Strassen und Plätzen der Welt den Menschen die Frohbotschaft Christi brachten.

Wieviele Menschen haben immer wieder das Klösterchen San Damiano aufgesucht und haben bei Sr. Klara Rat und Hilfe gefunden. Aus den Heilisprechungsakten erfahren wir auch von Beispielen, dass die Heilige das Charisma der Krankenheilung hatte. Wieviel körperliche und seelische Not sie wohl gelindert hat, weiss Gott allein.

Von der Bewegung um Sr. Klara ist eine wahre Erneuerung für die Kirche und die Welt ausgegangen. Diese kam nicht durch grosse Worte, um die Mächtigen der Kirche und der Welt anzuklagen oder die Reichen der Gesellschaft zu verurteilen, nein, sie erneuerte die Kirche durch ihre eigene Bekehrung, durch ihre radikale Christusnachfolge. Klaras Ausstrahlung reichte über die Klostermauern hinaus. Dies hatte zur Folge, dass sich immer mehr Frauen dieser Bewegung anschlossen und immer mehr Klöster entstanden.

Der Geist der hl. Klara lebt bis heute weiter. Es gibt heute weltweit an die 20'000 Frauen, die versuchen, nach dem Geist und der Regel der hl. Klara zu leben. Auch wenn dieser Orden heute noch in der Abgeschiedenheit der Klausur lebt, ist er für die Kirche und Welt nicht unbedeutend. Aus diesen Oasen der Stille und der Kontemplation strömt viel Kraft und viele Gnaden in die Welt hinaus. Denn diese Menschen stehen stellvertretend vor Gott für die, die Gott nicht kennen, oder die sich von ihm abgewandt haben. Sie alle sind in ihr Gebet täglich eingeschlossen. Wir haben gehört, dass damals viele Menschen zu Klara und ihren Mitschwestern nach San Damiano gingen. Da begegneten sie offenen Ohren und Herzen für alle ihre Nöte und Anliegen, erhielten Rat und geistliche Begleitung auf ihrem Weg. Auch heute noch werden solche Klöster von Menschen aufgesucht. Es tut doch gut zu wissen, dass es Menschen gibt, die für die verschiedensten Anliegen von Kirche und Welt beten. Ich bin überzeugt, die Nöte und das Elend in unserer Welt

wären noch viel grösser, wenn es solche Klöster nicht gäbe. Kontemplative Gemeinschaften sind in unsrer Kirche wie die Wurzel eines Baumes. Die Wurzel ist im Erdreich innen, wir können sie nicht sehen. Doch von der Wurzel her bekommt der Baum die Nahrung bis zum äussersten Blatt hinaus. Dazu kommt, dass die Wurzel dem Baum bei Sturm und Wetter fest hält. Was wäre ein Baum ohne Wurzel? Was wäre die Kirche ohne die kontemplativen Orden?
Sr. Klara und ihre Mitschwestern waren und sind es noch heute, ein Geschenk für die Kirche und Welt. Sr. Klara zeigt uns, auch wenn sie vor gut 800 gelebt hat, was gelebtes Christentum alles vermag. Durch ihre intensive Verbindung mit Christus dem Weinstock, hat sie als Weintraube sehr viel reiche Frucht gebracht. Ihre Früchte wirken noch weiter bis zum heutigen Tag.

Fürbitten

Gepriesen sei Gott, der Vater des Erbarmens, von dem alles Gute kommt und jede vollkommene Gabe. Zu ihm lasst uns beten:

- Hilf den verantwortlichen in Kirche und Staat, sich mutig einzusetzen für Frieden, Gerechtigkeit und Menschenwürde.
- Lass das Charisma der evangelischen Armut, mit dem Br. Franz und Sr. Klara die Kirche erneuert haben, auch in unserer Zeit wieder lebendig werden.
- Hilf den Eltern und Familien, ihre Kinder frei zu geben, auch dann, wenn du eines von ihnen in deine nähere Nachfolge rufst.
- Erwecke auch in unserer Zeit Frauen, die sich für den klareanischen Weg begeistern und ihn auch gehen.
- Stärke die Leidenden, die Verfolgten und Gequälten in der ganzen Welt und richte sie auf durch die Hilfe und Unterstützung der Mitmenschen.
- Gib unseren verstorbenen Brüdern und Schwestern jenen Frieden und jene hundertfältige Frucht, die du denen verheissen hast, die alles verlassen und deinem Ruf folgen.

Gott und Vater, die hl. Klara hat sich für ein Leben in radikaler Armut entschieden. Hilf uns auf ihre Fürsprache, dass wir alle falschen Bindungen und Abhängigkeiten aufgeben. Zeige uns, worauf es dir ankommt und gib uns die Kraft, deine Wege zu gehen. Das erbitten wir durch Christus unsrem Herrn.

Gedanken zum Josefsfest

Der 19. März ist schon seit dem 10. Jh Gedenktag, wohl in der Absicht, das Fest der Göttin Minerva, der römischen Göttin der Handwerker zu ersetzen. Die Verehrung dieses grossen Heiligen ist dann vor allem durch den Franziskanerorden verbreitet worden. So waren bereits im 13. Jh Br. Ubertin von Casale und Br. Bartolomäus von Pisa, die durch ihre Schriften wesentlich zur Verehrung des Hl. Josefs beitrugen. Sie erkannten wohl, dass der hl. Josef in der Bibel und in der Kunst eher am Rand stand, aber aus dem Grund nicht eine unwichtige Rolle in der Heilsgeschichte hat, ein ganz grossartiger stiller Heiliger ist. Im 15./16. Jd wurde es dem gesamten Franziskanerorden als Pflicht auferlegt, in allen Klöstern und Provinzen das Fest des Nährvaters Jesu am 19. März zu feiern. Papst Sixtus IV. , selbst Franziskaner dehnte das Fest 1476 auf die Gesamtkirche aus. So können wir sagen, dass nebst der Mutter Gottes und dem hl. Antonius, die Verehrung des hl. Josefs ein teures Erbgut des Franziskanerordens ist.

Papst Pius IX. ernannte den hl. Josef 1870 zum Patron der Kirche und Pius XI. führt den Gedenktag, Josef der Arbeiter ein, gleichsam als Pendent zum Fest der Arbeit am 1. Mai.

Nach einer frommen Legende, soll Josef in den Armen Jesu gestorben sein, darum gilt er als Patron der Sterbenden.

Wir wissen, dass der hl. Josef zu den grossen Gestalten der Bibel und der Kirche gehört. Und doch ist dieser Heilige uns irgendwie fremd und fern. Wir spüren etwas von seiner Grösse, aber wissen nicht recht, worin diese Grösse eigentlich besteht.

Wenn wir in dieser Frage zur Bibel greifen merken wir bald einmal: Was über Josef berichtet wird, ist recht spärlich. Zwei Evangelien – Markus und Johannes erwähnen ihn überhaupt nicht. Matthäus und Lukas berichten von ihm nur in den sog. Kinheitserzählungen. Dort erfahren wir auch, dass er Zimmermann gewesen ist.

Woher hat man denn sonst noch Informationen. In Mt 13,55 wird uns von vier Brüdern Jesu berichtet: Jakobus, Joses, Simon und Judas, dazu mehrere Schwestern. Bei den frühen Kirchenvätern des Ostens gelten diese ‚Brüder' Jesu als Söhne Josefs aus erster Ehe. Und ist es nicht so, dass der hl. Josef in der Kunst eher als alter Herr dargestellt wird als als junger. Das sog. Apokryphe Jakobusevangelim aus dem 2. Jh berichtet von der Brautwerbung Josefs. Demnach war Maria Tempeljungfrau in Jerusalem und sollte mit einem Mann verheiratet werden, der sie unberührt lassen würde. Von daher kommt der Name Josefsehe.

Jeder Bewerber, allesamt waren Witwer, sollten einen Stab auf den Altar des Tempels niederlegen. Josefs Stab grünte und blühte, zudem liess sich eine Taube als Zeichen der göttl. Bestätigung auf seinen Kopf nieder. Als Maria trotz des Keuschheitsgebotes schwanger wurde, bezweifelten die Hohenpriester die Enthaltsamkeit der Eheleute. Um ihre Unschuld zu beweisen, mussten beide das giftige Fruchtwasser trinken, blieben aber gesund: dieses Gottesurteil sprach sie von allen Vorwürfen frei. Soweit das Jakobusevangelium.

Bei all dem, was wir über Josef von der Bibel hören fällt auf, dass kein einziges Wort überliefert ist, das er selber gesprochen hat. Umso klarer und deutlicher geht hervor, dass er ein hörender, horchender und dann ein gehorchender Mann ist. Er ist fähig, auch im Traum und Schlaf Gottes Stimme zu hören und er ist bereit, sofort zu tun, was Gott von ihm will. Josef redet nicht. Er schweigt, er hört, und er handelt. Aus dem, was die Bibel von Josef berichtet, geht jedenfalls deutlich hervor, dass er zutiefst in und aus der Nähe Gottes gelebt hat. Deshalb ist er fähig, im alltäglichen Leben wie auch in schwierigen Situationen zu hören, was Gott von ihm will. Und deshalb war er auch so selbstverständlich bereit, den Willen Gottes zu erfüllen. Deshalb glaubte er auch da, wo andere zweifeln und den Mut verlieren würden.

Wenn wir nun fragen, was der heilige Josef uns und unserer Zeit zu sagen hat, müssen wir feststellen: seine Botschaft sind nicht seine Worte, seine Botschaft an uns ist sein Schweigen und sein Hören und dann sein entschlossenes Handeln. Er steht so quer zu den vielen Menschen unserer Zeit, die dauernd reden und doch nichts zu sagen haben. Bei Josef ist es genau umgekehrt: Er sagt kein Wort und hat gerade so eine ungeheuer aktuelle Botschaft. Sein schweigendes Hören ist eine dringend nötige Botschaft an uns Christen und Franziskaner. Was uns so nottut, ist, dass wir wieder verinnerlichte, nach innen und nach oben horchende Menschen werden. Was werden doch unaufhörlich Sitzungen gehalten, doch sitzt so wenig. Was werden doch dauernd neue Räte geschaffen, und doch sind Menschen immer ratloser. Was wird doch alles geredet und zerredet. Die Zukunft des Glaubens, die Zukunft unseres Ordens und der Kirche wird wohl dort liegen, wohin Josef uns den Weg weist: in den Menschen, die tiefe Wurzeln haben und nach innen lauschen und immer wieder fragen: Herr, was willst du, dass ich tun soll? Und dann auch bereit sind, den Willen Gottes ohne viele Worte, und ohne wenn und aber, in aller Stille und Treue umsetzen.

Predigt zur 40 Jahre Profess, Ingenbohl, 29.04.03
Schrifttexte: Apg 4, 32-37 Mt 28, 1-10

Liebe Schwestern
Der Deckel vom Liturgiebüchlein ihres heutigen Jubeltages, 40 Jahre Profess, zeigt vier Wegabbildungen. Es ist für mich ein Bild von den unterschiedlichsten Wegen, die sie alle bis zum heutigen Tag gegangen sind. Denn jede von ihnen ist, im guten Sinne des Wortes, ein Original. Mit jeder von ihnen ist Jesus auf je einmalige Weise auf dem Weg, weil er mit einem jeden von uns in einem einmaligen Liebesverhältnis steht. Was ich bei diesem Deckel so schön empfinde, diese vier unterschiedliche Wege umrahmen ein Kreuz oder noch besser gesagt, sie werden von einem Kreuz umrahmt. Mir ist es als würde das Kreuz diese verschiedenen Wege zusammenhalten. Es ist das Kreuz Jesu, es ist auch das Kreuz ihrer Kongregation von Ingenbohl, es ist ihr persönliches Kreuz! Die vier unterschiedlichen Wege können auch die unterschiedlichen Aufgaben ihrer Gemeinschaft darstellen: Krankenschwestern, Lehrerinnen, Seelsorgerinnen, Hauswirtschaft u.v.a.m. Das Kreuz ist im Mittelpunkt dieser Abbildungen. Jesus ist die Mitte ihres Lebens, soll die Mitte ihres Wirkens sein. ER ist mit ihnen auf dem Weg, er ist aber auch auf dem Weg zu ihnen. Denn er will sie über ihren Jubeltag hinaus weiterbegleiten, weil er ein Gott der Treue ist.
Die beiden Lesungen des heutigen Tages möchten uns Mut machen für den weiteren Weg. Der Ausschnitt aus der Apg zeigt uns, wozu Menschen fähig sein können, die aus der verwandelnden Kraft des Auferstandenen leben. Diese Wort der Lesung ist für mancher Ordensgründer/in zum Impuls für ein Leben nach dem Evangelium Jesu geworden. Bestimmt hat sich ihrer Ordensgründerin, M. Theresia, an diesem Text inspirieren lassen. *„Die Gemeinde der Gläubigen war ein Herz und eine Seele, keiner nannte etwas von dem sein Eigentum, sondern sie hatten alles gemeinsam.“* Ein Lebensprogramm! Etwas ganz ähnliches sagte damals der Priester Jacques von Vitry über die franziskanische Bewegung in Umbrien: *„Es leben da Brüder und Schwestern, die alles gemeinsam haben und sich Minderebrüder und Mindereschwestern nennen.“* Dieses überzeugende Leben eines Br. Franz und einer Sr. Klara bestand nicht aus vielen Worten und schönen Theorien über das Evangelium, sondern es war echtes evangelisches Leben, das die Kirche von damals erneuerte. Die Kirche von heute braucht wieder solche Menschen, die es mit dem Evangelium Jesu ernst meinen. Vielleicht kann uns das Jahr der Bibel dazu wieder neue Impulse geben.
Liebe Schwestern, sie haben mit der Profess damals Ja gesagt zur evangelischen Lebensweise der Barmherzigen Schwestern von hl. Kreuz von Ingenbohl, zu

einem Leben nach den evangelischen Räten. Sie schauen heute auf diesen Weg zurück, da ist doch einiges gewachsen, einiges ist brach geblieben. Als Kreuzschwestern haben sie Ja gesagt zum Evangelium. Die drei Gelübde, die sie damals abgelegt haben und heute erneuern, bilden keine Sonderform christlichen Lebens, sondern sind Wege, das Evangelium zu leben. Der Kern des Evangeliums ist die Liebe, in der alle anderen Gebote zusammen gefasst sind. Liebe äussert sich aber nicht nur in Gefühlen, sondern vielmehr in der täglichen Treue zur einmal eingegangenen Verantwortlichkeit. Das ist wahrlich nicht immer leicht, das haben sie auf ihrem Weg wohl oft erfahren. Da braucht es ein Aushalten, ein Dableiben, auch wenn es mir manchmal eher zum Weglaufen zumute ist. *„Einer trage des anderen Las, so erfüllt ihr Christi Gesetz."* Das heisst auch den andern manchmal tragen und ertragen. Da zeigt es sich, was es heisst in der Liebe und in der Treue aushalten. Sie haben damals bei der Profess die Gelübde abgelegt. Die Gelübde sind aber nicht Selbstzweck, machen aus sich heraus nicht einfach vollkommener, sondern nur, wenn sie zum Evangelium führen und uns damit helfen, dass wir mehr lieben. Es geht uns Ordensleuten nicht einfach darum, dass wir uns von den andern Christen absetzen wollen oder uns gar besser fühlen, sondern die Gelübde sind ein Weg, noch besser gesagt Charismen, Geistesgaben wie sie der Apostel Paulus bezeichnet, vgl 1 Kor 12. Diese Geistgaben haben nicht alle, sondern nur gewisse Personen. Die Gelübde wollen uns zum Kern des Evangeliums führen und das ist JESUS CHRISTUS! Mit der Profess haben sie einmal versprochen *‚das Evangelium Jesu Christi zu beobachten,* (vgl. BReg 1) wie Br. Franz und Sr. Klara zu sagen pflegen. Dieses Beobachten des Evangeliums heisst: Christus im Blick haben. Franziskus, Klara, Maria Theresia, waren Menschen, die ständig auf Christus blickten. Wenn sie ihn aus dem Blickfeld verloren hatten, haben sie ihn wieder schnell vor ihre Augen gestellt. Das Evangelium beobachten dauert ein Leben lang. Es muss täglich neu eingeholt werden. Ich muss mich immer wieder dafür entscheiden. Es ist ein darum Ringen im Gebet, im Meditieren des Wortes Gottes, denn schnell sind wir versucht, uns mit anderen Dingen, die nicht so wichtig sind, zu beschäftigen. Wer einmal den Blick auf Jesus gerichtet hat und diesen liebenden Blick von IHM erfahren durfte, ist in seinem Leben von IHM berührt und ein solches Leben ist auf Dauer angelegt, ein solches Leben kann man nicht einfach ablegen.

Wir haben gerade in diesen Tagen im Betrachten der Osterevangelien festgestellt, dass verschiedene Wege zum Osterglauben führen: der liebende Weg der Sehnsucht von Maria aus Magdala, der Weg der beiden Emmausjünger, der Weg der elf, denen Jesus zusammen erschien, der Weg der liebenden Erkenntnis des Jüngers Johannes, der Weg der Frauen, denen im heutigen Evangelium der

Auferstandene erscheint, ihnen Frieden wünscht und sie dann aussendet den Jüngern zu erzählen, dass er lebt. So verschieden sind die Wege des Osterglaubens, die letztlich dann ins Staunen münden: Der Herr ist auferstanden! ER ist wahrhaft auferstanden! Davon soll unser Ordensleben Zeugnis geben. Nicht so sehr durch Worte, als vielmehr durch unser Sein. Und vergessen wir nicht: Gott lässt uns auf unserem Lebensweg nicht allein. Er kommt auf uns zu, ist oft in verborgener Weise da, ohne dass wir ihn wahrnehmen. Wir begegnen ihm in den Mitmenschen, besonders in den Leidenden und Schwachen, den Menschen am Rand der Gesellschaft. Der Herr ist es, der als erster die Initiative ergreift. Und da braucht es von unserer Seite immer wieder ein Überraschungsherz, wie es Br. Franz, wie es ihre Ordensgründerin, wie es die hl. Katharina von Siena hatte, die wir am heutigen Tag feiern. Dieses Überraschungsherz wünsche ich ihnen immer wieder. So komme ich zum Schluss: Es ist eine Gnade, dass sie alle auf diesem eingeschlagenen Weg als Barmherzige Schwestern vom hl. Kreuz treu geblieben sind. Ich möchte ihnen allen danken, dass sie treu, trotz all der Hochs und Tiefs, auf diesem Weg ausgehalten haben. Ich wünsche ihnen von Herzen, dass sie auf diesem Weg weitergehen, egal was der morgige Tag bringt. Es ist ein Weitergehen mit IHM, kein anderer Weg führt zur Herrlichkeit als über das Kreuz. So hat schon ihrer Ordensgründerin gesagt: *„Ganz dem Gekreuzigten und darum ganz dem Nächsten. Der Liebe Christi Stellvertreterin."* Wie damals an ihrem Professtag 1963 dürfen wir ihren Jubeltag innerhalb der Eucharistie feiern. Wir sind so in den Tod und in die Auferstehung des Herrn hineingenommen. Es ist der Auferstandene lebendige Herr, der sie jede bei ihrem Namen ruft, der uns jetzt wieder das Brot bricht. Auch wenn wir ihn nicht sehen, wie die Jünger damals, so glauben wir dennoch fest, dass ER es ist, der uns sein Brot bricht, der uns mit seinem Leib und mit seinem Blut, Nahrung sein will für die kommende Wegstrecke. Dabei sagt er uns sein liebendes Wort: *„Geh weiter auf dem Weg meiner Nachfolge, vielleicht noch entschiedener, noch überzeugter, du gehst in Sicherheit, wenn du nicht aufhörst zu gehen. Denn ich bin bei dir, jetzt und alle weiteren Tage deines Lebens!"* Amen.

Gottesdienst zum Franziskusfest

Die Gnade unseres Herrn Jesus Christus, die Liebe Gottes des Vaters und die Gemeinschaft des Hl. Geistes sei mit euch!

Einleitung

Die Leser des ‚Time-Magzins' wählten 1998 Franz von Assisi zum bedeutensten Mann des Jahrtausends. Viele Menschen heute erkennen im hl. Franz so etwas wie eine prophetische Erscheinung von tiefster Menschlichkeit. Heute wird menschliche Solidarität gesucht. Br. Franz lebt sie vor, indem er in jedem Menschen den Bruder, die Schwester entdeckt, in dem er in seinen Gemeinschaften jede Schranke von Unterschieden überwindet. Heute wird Frömmigkeit des Herzens gesucht: Br. Franz zeigt einen sicheren Weg zu Gott in Demut und Vertrauen. So ist er für uns Heute ein Weg und ein Hoffnungsträger für die Zukunft. Wir alle, die in seiner Gefolgschaft stehen, wollen bekennen, dass wir dieser Berufung oft zu wenig nachgekommen sind.

Bussakt:

- Herr Jesus Christus, du hast den hl. Franz von Assisi berufen, deinen Fussspuren zu folgen: Herr, erbarme dich.
- Sein evangelischer Weg ermuntert uns, es ihm gleich zu tun: Christus, erbarme dich.
- Oft sind wir auf diesem Weg zu mittelmässig und zu träge gewesen: Herr, erbarme dich.

Predigt zu Mt 11, 25-30

Liebe Schwestern, liebe Brüder
Eines Tages soll Bruder Masseo zu Br. Franz gesagt haben:

„Warum dir? Warum dir? Warum dir?" Er hat es dreimal gesagt, dreimal gefragt und Br. Franz wusste nicht, was er eigentlich damit wollte. *„Alle Welt läuft dir nach, alles will dich sehen, dich hören und alle wollen dir gehorchen. Dabei ist doch gar nichts Schönes an dir. Du bist nicht gelehrt, du bist auch nicht weise, du bist nicht adelig. Warum eilt dir alle Welt nach?" (vgl. Fioretti 10).*
Vielleicht verstehen wir Br. Masseo ein wenig. Es mag wirklich verwundern, dass dem Minderbruder Franziskus fast die ganze Welt nachlief, obwohl ihn noch kurz nach seiner Bekehrung die meisten Mitbürger als einen Verrückten erklärten. Und doch brauchen wir nicht lange zu suchen, um herauszufinden, was ihm einen solchen ‚Erfolg' in seinem Leben gebracht hat, was die Herzen so vieler Menschen bis in unsere heutigen Tage hinein für diesen liebenswürdigen Menschen geöffnet haben. Es kommt daher nicht von ungefähr, dass er bei einer Umfrage 1998 in der USA sogar zum Mann des Jahrtausends erklärt wurde. Das will doch etwas heissen. Dennoch können wir uns fragen: Was ist denn das eigentliche Geheimnis dieses Mannes aus Umbrien?
Ich denke, er hat sich nach einem langem Suchen und Ringen ganz und vorbehaltlos dem Willen Gottes ausgeliefert: *„Was willst du Herr, dass ich tun soll?"* Diese Frage stellte er sich immer wieder. Er entwirft und kalkuliert nicht einfach selber seinen Weg, sondern überlässt sich ganz seinem Herrn. Er erfährt immer wieder wie das Rufen, das Wirken Gottes nicht einmalig sind, sondern beständig. Franziskus ist, wie einer mal so schön gesagt hat, ein Mensch mit einem Überraschungsherzen. Und so führt ihn der Herr auf seinem Weg, ein reicher, aber oft auch ein schmerzhafter Weg. Im Grunde genommen sucht Br. Franz nichts anderes als die Erfüllung des Willen Gottes: *„Meine Speise ist es den Willen des Vaters zu tun" (Joh 4, 34)*. Diese Worte Jesu hat der Heilige erfasst und gelebt. Für sein Leben sind die Worte Jesu aus unserem heutigen Festtagsevangelium ganz zutreffend: *„..den Weisen und Klugen verborgen, den Unmündigen aber offenbart."* Br. Franz ist dieser Unmündige, dieser Einfache, dieser total Evangelische.
Wenn wir nach der inneren Triebfeder im Leben des Poverello fragen, kann die Antwort nur lauten: <u>die Christusliebe</u>. Als er gegen Endes seines Lebens von vielen schmerzhaften Krankheiten geplagt wurde und fast erblindet war, wollte ihm einer seiner Gefährten durch Vorlesen aus der hl. Schrift trösten. Aber er

wehrte ab; er habe sich von der Schrift schon so viel angeeignet, dass es ihm zur Betrachtung vollauf genüge. Und er fügte hinzu: *„Ich kennte Christus, den Armen, den Gekreuzigten."* Hier hat Franziskus selber das innerste Geheimnis, den glühenden Kern seiner Seele und seines Lebens aufgedeckt: Er kennt Christus den Armen, den Gekreuzigten. Nach der Loslösung von seinem leiblichen Vater Pietro Bernardone, vom Besitz, vom Stoffladen, vom Rittertraum, von wirklich allem, hatte Br. Franz nichts mehr als Gott. Ihn hat er immer wieder als liebender und sorgender Vatergott erfahren, der ihm immer tiefer seinen Sohn offenbarte. Deshalb sind die Worte Jesu aus dem heutigen Evangelium in seinem Leben in besonderer Weise wahr geworden: *„Niemand kennt den Sohn, nur der Vater und niemand kennt den Vater nur der Sohn und der, dem es der Sohn offenbaren will."* Was bedeutet hier ‚kennen'? Ist es etwa so, wenn wir täglich auf unserem Weg jemanden begegnen, den wir grüssen, den wir gar beim Namen nennen? Kennen wir diese Person wirklich? Wohl kaum. Es ist doch vielmehr wie bei einem Freund, bei einer Vertrauten, einem Bruder, einer Schwester. Da wissen wir, was ihnen Freude bereitet, wovor sie Angst haben. Wir wissen um ihre Lebensgeschichte. Kennen, erkennen ist aber nicht in erster Linie eine Frage des Verstandes, sondern vielmehr der Liebe, des Herzens. Ich mag über einen Menschen noch so viel wissen, wenn ich ihn nicht liebe, wird mir das Verständnis seiner Person im letzten verschlossen bleiben. Und was zwischen Menschen gilt, das gilt auch zuwischen uns und Jesus. Wir kennen und verstehen ihn so gut, wie wir ihn lieben. Und die Liebe ist etwas, das wir letztlich nicht einfach machen können, sondern ist ein Geschenk des Hl. Geistes, es ist die einzige Macht, die uns von innen her verwandelt und Christus ähnlich macht.

Ich wünsche ihnen und mir, dass wir wirklich eine immer grössere Liebe und Vertrautheit zu Jesus bekommen, eine solche Liebe, wie sie Br. Franz pflegte. Br. Thomas von Celano, sein erster Biograph, gibt uns ein wunderbares Zeugnis darüber: *„Immer war er mit Jesus beschäftigt. Jesus trug er stets im Herzen, Jesus im Mund, Jesus in den Ohren, Jesus in den Augen, Jesus in den Händen, Jesus in all seinen übrigen Gliedern...Oft wenn er seines Weges ging und Jesus dachte oder sang, vergass er seines Weges und forderte alle Elemente auf zum Lobe Jesu. Und weil er in wunderbarer Liebe immer Chrsitus Jesus, und zwar als den Gekreuzigten, in seinem Herzen trug und bewahrte, deshalb wurde er auch vor allen mit seinem Zeichen so herrlich gezeichnet." (aus 1 Cel 115)* Ja, bei ihm hat sich bewahrheitet, was Angelus Silesius einmal gesagt hat: *„Du wirst in das verwandelt, was du liebst."*

Wir sollten als Ordensleute mehr und mehr Menschen werden, die voll von Jesus sind, Jesus-Verliebte, Jesus-Fans! Ich meine, dass wir nur so echte Zeugen Jesu

sein können. Zeugen der Liebe zu Jesus, gerade solche Zeugen sind an der Schwelle des neuen Jahrtausends mehr denn je notwendig. Dass Franziskus eine so leidenschaftliche Liebe zur Armut hatte, kommt nicht einfach davon, dass er gar nichts an Materiellem besass, sondern weil er Christus Jesus so leidenschaftlich liebte, der ja bekanntlich nichts hatte, worauf er sein Haupt legen konnte. Gott braucht in der immer mehr säkular werdenden Gesellschaft von heute beherzte Menschen, die keine Angst haben um Hab und Gut, um ihre Stellung, Menschen, die über nichts und niemanden ihre Arme verschliessen wollen. Franziskus ging nicht zu den Armen und Aussätzigen, den Menschen am Rand der damaligen Gesellschaft, um ein sozial-karitatives Programm zu verwirklichen, sondern weil er Christus über alles liebte und er in diesen Menschen am Rand den leidenden Herrn entdeckte. Es war wirklich die Leidenschaft einer Liebe, die es unerträglich findet anders zu sein und zu leben als der Geliebte. Als Töchter und Söhne des hl. Franz muss auch für uns die Liebe zu Christus dem Gekreuzigten und Auferstandenen die Treibkraft all unseres Tuns und Handelns sein.
Diese Macht der Liebe hat aus Franziskus einen zweiten Christus gemacht. Franziskus, wahrlich ein zweiter Christus! Wir können und dürfen zwar den Heiligen aus Assisi nicht kopieren, er steht einmalig und unwiederholbar da, wie jede und jeder von uns, aber wir sollen ihn auch nicht einfach nur bestaunen und es dabei bewenden lassen. Die Heiligen sind keine toten Denkmäler, sondern Beispiele, ja lebendige Zeugen des gekreuzigten und auferstandenen Herrn. Das sollen auch wir sein mit all unseren Fähigkeiten und Charismen, mit unserer Einmaligkeit. Und vergessen wir nicht, jede und jeder von uns ist von Gott so geliebt wie er ist, wie letztlich nur er, nur sie auf einmalige Weise geliebt werden kann. Denn Gott liebt nicht einfach kollektiv, so nach dem Motto: „Ich habe euch alle gern.“ Nein, wir alle sind von Gott auf einmalige Weise geliebt. Wir sollen daher dieser Liebe durch unser Leben immer wieder Antwort geben. Wir sollen Jesus immer mehr kennen lernen, dass wir ihn einmal so kennen, wie er uns kennt. Wo können wir ihn immer besser kennen lernen? Im Gebet, im Lesen der Bibel, im Empfang der Sakramente, im Dienst an dem Nächsten. Dazu sind wir wohl ein Leben lang unterwegs. Schauen wir dabei auf Franziskus. Er hat nach dem Willen Gottes unermüdlich gefragt und ihn auch getan. Ob der Weg, den Gott uns führen will in einem grossen Auftrag besteht oder in der Unscheinbarkeit des Alltags verläuft, ist nicht so entscheidend. Entscheidend allein ist die gute Absicht, die Grösse der Liebe. Br. Franz zeigt uns allen, wozu echte, wahre Liebe fähig ist; nämlich Gott, den Mitmenschen, ja die ganze Schöpfung innig zu lieben und zu dienen.

Vielleicht ist bei uns diese Liebesglut zu Christus ein wenig am Verglühen oder gar schon verglüht. Vielleicht sind einige unter uns resigniert, weil in der Kirche und im Orden vieles so anders geworden ist. Früher, wo noch so viele Eintritte in die Orden gab...Heute müssen Tätigkeiten und Häuser aufgegeben werden, weil es an Berufungen fehlt. Wie soll es weitergehen? Das ist vielerorts die Frage geworden. Ich denke da können wir von Franziskus lernen, dem Bruder mit dem Überraschungsherzen. Leider haben auch wir allzu oft ein Gewohnheitsherz, das nicht mehr oder viel zu wenig mit Gottes Geist rechnet. Wo Statistiken über die Zukunft unserer Gemeinschaften, Orden und die Kirche dem Hl. Geist Vorschriften machen wollen, weil wir gar nicht mehr damit rechnen, dass trotz allem bei uns etwas neues wachsen kann, dass dieser Geist erfinderisch ist, dass er noch etwas aufbrechen lassen kann, wo es menschlich gesehen unmöglich erscheint. Vertrauen wir diesem Geist!
„Was willst du Herr, was wir tun sollen?“ Diese Frage des jungen Francesco soll uns immer wieder begleiten. *„Mit Gott und für Gott kann man alles.“* Diese Aussage ihrer Ordensgründerin Mutter M. Theresia Scherrer zeigt uns, worauf es letztlich ankommt. Wenn wir Gott- und Christusverbunden leben, müssen wir nichts befürchten, können wir mutig vorwärts gehen, auch wenn wir noch nicht so klar ins neue Jahrtausend hinein sehen. Wir müssen auch keine Angst haben wenn unsere Herde kleiner wird, wenn die Möglichkeiten und Kräfte schwinden. Wenn wir treu unseren Weg gehen, wird das ganz sicher eines Tages auf irgend eine Art Frucht bringen. Franziskus wäre seinen Weg auch gegangen, wenn er alleine geblieben wäre! Nicht grosse Parolen, Proteste und Demonstrationen braucht die Welt von uns an der Schwelle des 3. Jahrtausends, sondern echtes, treu gelebtes Ordensleben, das sich vor allem in der tiefen Christusverbundenheit zeigt. Jesus lädt uns müde, vielleicht auch resignierte ein, zu ihm zu kommen. Er will allen mühselig beladenen Ruhe verschaffen. Durfte das der Heilige aus Assisi auf seinem sicher nicht leichten Weg, nicht immer wieder erfahren?
Vor ein paar Jahren habe ich in der Einsiedelei von Montecasale, es ist das Heiligtum ‚Franziskus und die Brüder Räuber', ein ganz eindrückliches Franziskusbild entdeckt, das mich seither begleitet. Es passt treffend zur Einladung Jesu im heutigen Evangelium. Es stellt Christus den Auferstandenen dar, der Franziskus liebevoll umarmt. Dieser kniet ergriffen vor dem Auferstandenen, seine Hände über die Brust gekreuzt. Innig mit Christus verbunden trinkt er aus dessen Seitenwunde. Dieses eindrückliche Gemälde stellt auf wunderbare Weise dar, was Franziskus wirklich gelebt und geliebt hat. Ist das nicht das eigentliche Geheimnis des Heiligen, das ihn zu einem zweiten Christus umgeformt hat? Er, der vom Kreuzesgeheimnis zutiefst geprägt war, war ebenso

vom Ostergeheimnis erfüllt. Nur das hat ihn zu diesem Heiligen gemacht, den wir heute feiern.

Mögen wir alle, die wir uns seine Töchter und Söhne nennen, auf seine Fürbitte hin auf unserem Weg auch so von der Liebe Christi ergriffen werden. Diese Liebe richtet uns auf, schenkt uns Mut und Zuversicht. Diese Liebe allein ist letztlich fähig uns und unsere Welt mehr und mehr zu verändern. Als Abschluss dieser Gedanken möchte ich ihnen ein Gebet vortragen, das ein wenig zusammenfasst, was ich gesagt habe.Es ist am Ende der zweiten Lebensbeschreibung des hl. Franz von Br. Thomas von Celano. Es ist ein Gebet der Gefährten an Franziskus. Es lautet:

„Heiliger Vater Franziskus, gedenke all deiner Töchter und Söhne, die von grosser Sorgen und Gefahren bedrängt sind. Du weißt, dass sie deinen Spuren nur von ferne folgen. Gib ihnen die Kraft zu widerstehen! Reinige sie, so dass sie leuchten! Gib ihnen Freude als Vorgeschmack der Seligkeit. Erlange, dass über sie ausgegossen werde der Geist der Gnade und des Gebetes, damit sie die wahre Demut haben, die du gehabt, damit sie die Armut beobachten, die du gehalten, damit sie die Liebe verdienen, mit der du immer Christus, den Gekreuzigten geliebt hast, der mit dem Vater und dem Heiligen Geist lebt und herrscht von Ewigkeit zu Ewigkeit. Amen." Aus 2 Cel 224.

Bittruf zu den Fürbitten:

Fürbitten (nach dem Lobpreis Gottes des hl. Franz von Assisi)

In den Opfergang eingebaut

Dazu der Bittruf: ‚Deus meus et omnia, mein Gott und mein Alles'.

Zel.: Du bist der heilige Herr, der alleinige Gott, der Wunderwerke vollbringt:

- *Du bist die Schönheit. Wir bringen eine Sonnenblume zum Altar. Lehr uns, deiner Schöpfung in Ehrfurcht zu begegnen und in ihr die leisen Spuren deiner Schönheit zu erkennen.*
- *Du bist die Erquickung. Wir bringen einen Krug Wasser zum Altar. Offenbare dich den Menschen in leidvollen Zeiten des Lebens als Gott des Trostes und des Erbarmens.*
- *Du bist unsere Hoffnung. Wir bringen Licht zum Altar. Forme die Christen und besonders alle Schwestern und Brüder der franziskanischen Familie um zu Hoffnungsträgern – trägerinnen, die das Glaubenslicht in die Winkel des Unglaubens und der Zweifel tragen.*
- *Du bist der lebendige und wahre Gott. Wir bringen Brot und Wein zum Altar. Wandle sie um in den Leib und das Blut deines geliebten Sohnes, unseres Herrn Jesus Christus.*

Zel. Du bist unser ewiges Leben: Grosser und wunderbarer Herr, allmächtiger Gott, barmherziger Retter, jetzt und allezeit und in Ewigkeit. Amen.

Zum Vater unser:
Gott will allen Menschen Vater sein. Als Schwestern und Brüder wollen wir zu ihm beten, wie Jesus unser Herr und Bruder es uns gelehrt hat:

Friedensgebet:
Frieden und alles Gute will Gott uns schenken, wenn wir bereit sind dem Frieden und der Gerechtigkeit als franziskanische Menschen zu dienen.

Deshalb bitten wir: Herr Jesus Christus, schenke auf die Fürbitte von Br. Franz, dass wir als deine Kirche Liebe künden, wo Zwietracht herrscht. Glauben wecken, wo der Zweifel um sich greift. Die Hoffnung beleben, wo sie erstorben ist. Freude ausstrahlen, wo Traurigkeit die Menschen lähmt. Dazu gebe der Herr uns seine Kraft und seine Liebe. Der Friede des Herrn sei allezeit mit euch!

Zur Entlassung

Am Fest des hl. Franz von Assisi waren wir Gäste am Tisch des Herrn. Wie Franziskus für viele noch heute ein Zeichen der Hoffnung und Bruder ist, so wollen wir als Schwestern und Brüder unser Leben miteinander teilen und in der Verbundenheit mit Christus unserem Herrn bleiben. Dazu wollen wir Gott um seine Kraft und seinen Segen bitten:

Franziskussegen

Dieser Gottesdienst und Predigt wurde am 4. Okt. 1999 von mir im Mutterhaus der Barmherzigen Schwestern des hl. Kreues in Ingenbohl-Brunnen, Schweiz, gefeiert.

Näfleser-Fahrts-Predigt 2015

- Innehalten, sich erinnern, Statio machen, anhalten, uns besinnen!

Hochgeachteter Herr Landammann, verehrte Mitglieder des Regierungsrates, hochwürdige Geistlichkeit, hochvertraute, liebe Mitlandleute, liebe Gäste von Nah und Fern:
Ich lade Sie alle ein, mit den Worten des hl. Franz von Assisi ein Gebet aus der Stunde seiner Bekehrung zu beten;

„Höchster glorreicher Gott, erleuchte die Finsternis meines Herzens und schenke mir rechten Glauben, gefestigte Hoffnung und vollendete Liebe. Gib mir, Herr, das rechte Empfinden und Erkennen, damit ich deinen heiligen und wahrhaften Auftrag erfülle." Amen.
Die Näfelserfahrt möchte uns heute helfen innezuhalten, nachzudenken, Statio zu machen, anzuhalten, uns zu besinnen, uns vergegenwärtigen.
Es ist heute der 9. April, also genau der Tag, an demsich vor 627 Jahren die Schlacht bei Näfels ereignet hat. Das ist Grund genug, so meine ich, uns zu besinnen was damals geschehen ist. Wir bringen das zum Ausdruck, wenn wir bei den einzelnen GedenksteinenStatio, Halt machen. Wir gedenken dabei der Verstorbenen und beten für sie, wir beten für die Lebenden verschiedenster Stände und Altersgruppen, wir beten für Kirche und Welt. Wir bleiben mit diesem Tun nicht einfach beim Vergangenen stehen, sondern erinnern uns dabei auch an unsere heutige Zeit und Welt. Ein Erinnern einerseits, aber zugleich ein Vergegenwärtigen andererseits.

Erinnern wir uns: Von Weesen aus erfolgte am heutigen Tag der Hauptangriff gegen das von den Habsburgern abtrünnig geltende Glarnerland. Etwa 5000 Mann unter der Führung von GrafDonat von Toggenburg und Ritter Peter von Thorberg durchbrachen die Letzi von Näfels. Eine zweite Kolonne mit 1'500 Mann rückte unter GrafHans von Werdenberg-Sargans über den Kerenzerberg vor. Die etwa 400 Glarner, verstärkt durch einige Dutzend Schwyzer und Urner, zogen sich vonder Letzi an die westl. Talflanke zurück und griffen von hier aus, begünstigt durch Nebel und Schneetreiben, das plündernde Ritterheer an. Nach einer kurzen Entscheidungsschlacht verfolgten die Glarner die fliehenden Gegner, von denen viele durch den Zusammenbruch der Brücke bei Weesen in der Maag ertranken. Die zweite anrückende Kolonne kehrte in Beglingen oberhalb Mollis beim Anblick der Niederlage unverrichteter Dinge um.

Die 54 gefallenden Glarner und Eidgenossen wurden danach in der Pfarrkirche Mollis beigesetzt. Noch heute sind ihre Namen da verewigt.
Auf der Gegenseite werden die Toten auf einige hundert Mann geschätzt.
Am 29.Nov. 1389, eineinhalb Jahre nach der Schlacht von Näfels,grub der PrämonstratenserabtBilgeri von Wagenberg, Abt des Klosters von Rüti im Zürcheroberland, etwa 180 Gefallene aus der ungeweihten Erde vor der Letzi aus und überführte sie in seineKlosterkirchenach Rüti. Für alle diese Gefallenen haben die Mönche gebetet und Eucharistie gefeiert. So wurde also aller Gefallenen der Schlacht von Näfels auf dieser und der anderen Seite im Gebete gedacht.

Wir machen heute an den elf Gedenksteinen am Weg von Schneisigen bis Mühlhäusern Halt und erinnern uns dabei, dass Menschen für ihreFreiheit zusammengestanden und dafürsogar in den Tod gegangen sind. Es wird überliefert, dass damals bei der Schlacht im Schneesturm auf einmal am Himmel so etwas wie eineÖffnungentstand, es kamen Sonnenstrahlen hervor, welche die kämpfenden Eidgenossen in gleissendes Licht tauchten. Zuvor hatten sie Gott und die Heiligen um ihren Beistand gebeten. Sie sind eingestanden für etwas, wovon sie überzeugt waren. Sie durften dabei erfahren, es gibt im Dunkel ein Licht, wenn Menschen dafür offen sind.
Vergegenwärtigen wir uns: Diese Steine bei denen wir Halt machen,möchten uns an die Menschen erinnern, die bei der Schlacht von Näfels auf beiden Seiten gefallen sind. Schon im Fahrtsbrief werden ja nicht nur die gefallenen Opfer der Glarner und Eidgenossen, sondern auchdie der Feinde in das Gebet und in den Gang des jährlichen Kreuzganges einbezogen. Das mahnt uns daran, dass wir nicht das Schlachtgeschehen verherrlichen, als vielmehr all derer gedenken wollen, die dafür ihr Leben für Freiheit und Überzeugung lassen mussten.

Vergegenwärtigen wir uns auchaller Menschen, die irgendwo auf der weiten Welt in Schlachten ihr Leben verloren haben und verlieren.
Vor 100 Jahren starben im ersten Weltkrieg 9,7 Millionen Menschen. Im zweiten Weltkrieg, vor 70 Jahrenwaren es 55 Millionen Menschen. Der Vietnamkrieg forderte ungefähr 3 Millionen, der letzte Balkankrieg über eine Million.
Wen erschreckenheute noch alle diese Zahlen? Machen sie uns nachdenklich? Ich zweifle daran. Nach einer amerikanischen Statistik soll nämlich jedes Kind – regelmäßigen Fernsehkonsum vorausgesetzt – bis zum 15. Lebensjahr 13‘000 Morde im Fernsehen miterlebt haben. Kann ein Mensch dannnoch unterscheiden zwischen den Toten im Spiel und den Toten in Wirklichkeit? Kann er noch

erschüttert werden über das Sterben so vielerunschuldigerMenschen, wenn er stundenlang durch Morde unterhalten wird?
Es ist leider eine Tatsache, dass unsere heutige Spassgesellschaftsich schwer daran tut,sich zu erinnern. Was vor uns war, wen interessiert das noch? Nach uns die Sintflut, ist die Devise. Eine solche kurzlebige Gesellschaft wird nicht nur ihren Gott los, sondern verliert am Ende auch ihre Menschlichkeit. Die Erinnerung ist deshalb lästig und gefährlich. Wohin das Vergessen führt, sehen wir täglich: Vandalismus, Fremdenhass, Intoleranz, Zerstörung von Menschenleben und Umwelt, von Hab und Gut.
Im Gedenken, im Erinnernaber kann ein noch so sinnloser Tod einen Sinn erhalten. Es wird uns zur Mahnung, dass sich so etwas nicht wiederholen soll.

Erinnern wir uns der aktuellen Kriege in Syrien, Irak, Ukraine, Nigeria, Sudan u.leider an viele andere Kriegsschauplätze weltweit. Das sind humanitäre Katastrophen. Da geschieht zum Himmel schreiendes Unrecht: Unschuldige Menschen werden ihres Lebens beraubt. Menschen werden zu Tausenden vertrieben, weil sie z.B. Christen oder Jeziden sind. Das Sterben so vieler unschuldiger Menschen ist sinnlos und grausam.Papst Franziskus hat in der diesjährigen Osterbotschaft die Weltgemeinschaft zum Handeln im Nahen Osten aufgerufen. Der Lärm der Waffen in Syrien und Irak müsse aufhören und ein friedliches Zusammenleben aller Gruppen wieder hergestellt werden. Wir dürfen nicht Wegsehen bei Gewalt und Vertreibung. Unser Gefühl für Gerechtigkeit muss sich mit aller Kraft gegen dieses sinnlose Abschlachten von Mitmenschen durch den Islamischen Staat aufbegehren.
Wir erinnern uns heute dieses himmelschreienden Unrechts, um es zu brandmarken und all dem ein Ende zu setzen.Aber was können wir tun? Wie machtlos wir sind, erfahren wir täglich. Die Toten schweigen. Schweigen auch wir? Worüber könnten wir reden? Ich meine vom Frieden sollten wir heute reden. Br. Klaus von Flüe hat damals dem Rat von Bern ein wichtiges Wort gesagt: *„Friede ist allweg in Gott, denn Gott ist der Friede.“*
Friede ist vor allem Friede mit Gott. Friede ist dort, wo Gott anerkannt wird und die Ordnung die er der Welt gegeben hat. Friede entstehet, wo die anderen als gleichwertige Menschen angesehen werden; wo Humanität, Verantwortung für die Gemeinschaft, Nächstenliebe und Gerechtigkeit als christliche Werte beachtet werden. Wo Würde und Freiheit der Menschen respektiert werden. Wo soziale Ungerechtigkeit beseitigt und Menschenrechte nicht mit Füssen getreten werden. Da wird Friede möglich. Der Friede der Menschen mit Gott und der Friede der Menschen untereinander gehören zusammen, im Kleinen wie im Grossen.

Aber mit Worten vom Frieden ist es noch nicht getan. Unser Reden muss gewandelt werden in friedensstiftende Taten!Nun wir werden hier kaum die Möglichkeit haben, politische Entscheidungen von weltweiter Bedeutung zu treffen. Damit ist das Bemühen um Frieden aber nicht einfach etwas für die andern. In unserem Lebensbereich, in unseren Familien, Schulen, Parteien, Kirchen, können wir bereits schon einen Beitrag zum Frieden leisten, wenn wir Hass nicht mit Hass beantworten und Gewalt nicht mit Gewalt, wenn wir unser Handeln ausrichten nach dem Geist Jesu Christi,nach dem Geist der goldenen Regel der Bergpredigt: *„Alles, was ihr von andern erwartet, das tut ihnen“,*Mt 7,12.

Auf diese Weise kann jeder und jede einen Beitrag leisten zu einem Klima, in dem der Friede entstehen kann.

Indem wir heute der Verstorbenen der Schlacht von Näfels und aller die auf Schlachtfeldern der Welt ihr Leben lassen musstengedenken, wird uns das zur Mahnung, zur Mahnung, uns nach Kräften einzusetzen für Frieden und Gerechtigkeit in dieser Welt. Zur Mahnung, es niemals zuzulassen, dass Menschen oder ganze Volksgruppen irgendwo auf der Welt verfolgt, vertrieben und unterdrückt werden, ohne dass wir es wahrnehmen. Zur Mahnung, wachsam zu sein gegenüber allen Formen von Intoleranz und Nationalismus.

Wohin das Vergessen führen kann, das erleben wir tagtäglich, wenn wir sehen, wie zerbrechlich und gefährdet der Friede in unserer Welt noch immer ist, wie viel Krieg und Terror und Gewalt es auch heute noch rund um den Erdball gibt, im Kleinen und im Grossen.

Wir werden den Frieden in der Welt nicht finden, wenn wir nicht einsehen, dass der Friede von uns Menschen allein nicht machbar ist, sondern letztlich ein Geschenk des Himmels, ein Geschenk Gottes ist. Frieden muss, christlich ausgedrückt, erbetet werden, aber auch alle Bedingungen drum herum müssen geschaffen werden, dass er geschehen kann.

Dieses Geschenk FRIEDE wird uns nur gegeben, wenn wir die kleine Welt um uns in unserer Familie, in unserer Ehe und Partnerschaft, in der Gemeinde und in unserem Land, im Beruf aufbauen helfen im Geist unseres christlichen Erbes.

Doch wir können uns ganz ehrlich fragen, wie kann das bei uns möglich werden, wenn unser christlicher Glaube in unseren Landen auf dem ehemals christlichen Kontinent Europa und der Schweiz zunehmend verdunstet, wie Schweizer Kardinal Kurt Koch es einmal zum Ausdruck gebracht hat?

Eine Welt, die Gott auf der Seite lässt, die meint selbst einen Supermenschen zu kreieren, eine Welt wo der Wahnsinn der Machbarkeit den Ton angibt, eine solche Welt wird langsam aber sicher aus den Fugen geraten. Eine zivilisierte Welt, die glaubt alles in Händen zu halten, die Leben im Mutterleib zerstört, junge Menschen verführt, Familien auseinanderbringt und alte Menschen entsorgt, eine solche Welt gerät doch mehr und mehr aus den Fugen. Es genügt da nicht, den Frieden zu wünschen und laut Friedensparolen zu verkünden. Wir müssen die Grundlage dieses Friedens, die gottgegebenenOrdnungen erkennen, sichern und beachten. Das ist unser Beitrag zum Frieden. Wir müssen uns wieder vermehrt auf unsere christlichen Werte besinnen. Das ist die Aufgabe eines jeden und einer jeden von uns, dort wo er lebt und steht.

Leider wird Gott oft viel zu wenig als Wirklichkeit im Alltagwahrgenommen. Dabei hat sich Gott in der Geschichte der Menschheit offenbart. Das zu glauben, ist nicht einfach ein Mythos. In Jesus Christus ist er einer von uns geworden. Jahwe rettet, Jahwe heilt, das ist sein Name, Jeschua - Jesus. Wir müssen diesem menschgewordenen Gott die Chance geben bei uns einzubrechen.

In Jesus Christus ist Gott in diese unsere Geschichte, in diese unsere Welt gekommen, um den Frieden zu bringen. Jahwe bedeutet Gott rettet.

Es gibt keine bessere, keine kürzere und schönere Botschaft in dieser Zeit der ängstlichen Erwartung, der gelähmten Hoffnung oder der schwarzgemalten Zukunftsperspektiven als die Botschaft, die der Name JESUS in sich trägt: Gott rettet und erlöst. Die Erhaltung und Schaffung des Weltfriedens wird wesentlich davon abhängen, ob wir Menschen überhaupt noch an Rettung und Erlösung durch Jesus Christus, den menschgewordenen Gott glauben.

Nun rettet Gott nicht durch die Magie einer Formel. Er hat uns nicht aufgetragen, Parolen oder gar Schlachtrufe in diese Welt hineinzuschreien. Sein Wort ist Fleisch, Mensch geworden: die Verheissung Gott rettet, Gott heilt hat in Betlehem ein Gesicht, einen Namen bekommen. Nicht die Magie einer Formel rettet, sondern die Phantasie der Liebe. In Jesus hat Gottes Liebe zu uns Menschen Hände und Füsse bekommen. Sein Namen nennt sein Wesen: Jesus ist der Retter. Er, Jesus ist auch unser Friede, vgl Eph.

Rettung und Frieden gehören zusammen. Wenn die Welt sich selber überlassen wird, geht sie zugrunde. Ich persönlich bin überzeugt, dass das Engagement für den Frieden ohne den Glauben an die Rettung durch Gott nicht möglich. Frieden beginnt mit dem Glauben an die Rettung durch unseren Erlöser Jesus Christus. Er hat die Menschheit mit Gott versöhnt, die Sünde gesühnt, den Tod überwunden. Er ist auferstanden.

Der Auferstandene verweist uns in seiner Botschaft, Frieden und Versöhnung zu stiften. Die Marchsteine sind gesetzt: Friede ist eine Gabe Gottes, die uns verpflichtet. Als Christen und Christinnen wissen wir auch, dass ungebrochener, vollendeter Friede in dieser Welt letztlich nie abgeschlossen ist. Friede ist immer im Werden. Wer aber sein Leben aus dem Glauben an Mensch gewordenen Gott entwirft, wird am Unfrieden der Welt nicht einfach zerbrechen.

Wir sind in der Osteroktav. Feiern Ostern. Wir Christen sind der Welt die Gaben des Auferstandenen schuldig: Furchtlosigkeit, Gelassenheit, die Gewissheit, dass der Tod wirklich nicht das letzte Wort hat. Haben uns das nicht kürzlich die 21 ägyptischen christlichen jungen Männer, die als Gastarbeiter nach Libyen gekommen sind, heldenhaft in ihrem Martyrium für Christus gezeigt?Diese jungen Männer wurden von der Terroristenorganisation IS umgebracht. Der Islamische Staat hatte im Internet ein Video der Hinrichtung veröffentlicht, in dem zu hören war, wie die Opfer vor ihrer Enthauptung mit Messernvor ihrer Hinrichtung, den Namen Jesu Christi anriefen: *„Mein Herr Jesus erbarme dich meiner!"* Angehörige der Opfer sagten, dass sie den Tätern vergeben und für ihre Umkehr beteten. Da ist ein grosses christliches Glaubensbekenntnis. Sie bekannten sich bis aufs Blut zu Jesus Christus, zum Gott der rettet.
Wie bekennen wir uns zu Jesus Christus?
Wenn wir am heutigen Tag der Schlacht bei Näfels innhalten, wollen wir auch darüber nachdenken, wie wir Frieden stiften können: gesellschaftlich, politisch, im persönlichen Bereich. Die in der Friedensfrage oft bemühte Bergpredigt Jesu hat wohl nicht so sehr im politischen als vielmehr im individuellen Raum ihren Ort: dass wir nämlich selber anfangen, auszubrechen aus dem Kreislauf der Vergeltung, aus dem Bannkreis des Bösen. Zeigt uns das nicht der heldenhafte Tod dieser jungen christlichen Ägypter vom vergangenen Februar?Den Frieden demonstriert einer nicht in dem was er sagt, sondern damit, was er lebt, was er ist und dafür vielleicht sogar in den Tod geht. Reinhold Schneider ein Priester und geistl. Schriftsteller des 20.Jh. sagt meines Erachtens etwas sehr Wichtiges:*„Eine Stelle in der Welt – ein winziges Teilchen wenigstens – können wir verändern: unser Herz.*"
Die Veränderung des Herzens als einen Beitrag zum Frieden und zur Gerechtigkeit in unserer Welt, damit müssen wir anfangen. Franz v. Assisi sagte am Ende seines Lebens: *„Lasst uns beginnen Brüder und Schwestern, bis jetzt haben wir wenig oder nichts getan."* Deshalb beten wir in seinem Geist:

„ O Herr, mache mich zu einem Werkzeug deines Friedens: Dass ich Liebe bringe, wo man sich hasst;
Dass ich verzeihe, wo man sich beleidigt,
dass ich verbinde, wo man sich streitet;
dass ich die Wahrheit sage, wo der Irrtum herrscht;

dass ich den Glauben bringe, wo der Zweifel drückt;
dass ich Hoffnung wecke, wo Verzweiflung quält;
dass ich dein Licht anzünde, wo Finsternis regiert;
dass ich Freude mache, wo Kummer wohnt.
O Herr, mach mich zu einem Werkzeug deines Friedens!"

Pauli Bekehrung

Liebe Mitchristen

Wahrscheinlich haben sie alle in ihrem Leben schon Erfahrungen von falschen Wegen gemacht. Da sind sie voller Überzeugung einen Weg gegangen, den sie vielleicht vorher auf der Wanderkarte studiert haben und fest überzeugt sind: das ist der richtige Weg. Passanten konnten ihnen dann sagen: Nein, da gehen sie in eine total falsche Richtung, auf diesem Weg kommen sie nicht an ihr gestecktes Ziel.

Ich glaube ganz ähnlich war es im übertragenen Sinn beim Apostel Paulus. Der studierte Schriftgelehrte und fromme Jude war doch von seinem Weg klar und felsenfest überzeugt. Er musste die junge Kirche verfolgen, denn diese hatte sich vom jüdischen Glauben abgespalten. Er, der seine Religion über alles liebte, wollte sie von falschem reinigen. Und so beginnt er die Anhänger des neuen Weges, wie die Christen auch genannt werden, bis aufs Blut zu verfolgen.

Vor den Toren von Damaskus wird er von einem hellen Licht geblendet, fällt zu Boden und hört die Stimme: *„Saul, Saul, warum verfolgst du mich?" „Wer bist du Herr?" „Ich bin Christus, den du verfolgst."* Das war für ihn das einschneidende Erlebnis, das ihm auf einen ganz anderen Weg führte als er sich das ausgedacht hatte. Die Bekehrung des Christenverfolgers Saulus zum überzeugten Verkünder der Frohen Botschaft Jesu ist eines der entscheidenden Daten in der Geschichte der noch jungen Kirche. War die Urgemeinde in Jerusalem vor allem von aus dem Judentum stammenden, aramäisch sprechenden Anhängern Jesu bestimmt, so ist es das Verdienst des Paulus, die Türe zur nichtjüdischen, heidnischen Welt aufgestossen zu haben. Ohne die Missionstätigkeit des Paulus im östlichen Teil des dem ganzen Mittelmeerraum umgreifenden römischen Reiches, wäre die christliche Gemeinde eine jüdische Sekte geblieben.

Ich war schon zweimal am Ort wo Saulus zum Paulus geworden ist, in Damaskus. Die Franziskaner betreuen dort am Stadtrand im Osten, im Quartier Tabbeleh das sog. ‚Memorial des hl. Paulus', das bedeutet so viel wie das Heiligtum von Pauli Bekehrung. Im Garten des Heiligtum und Klosters sind noch Strassenzüge, Überreste der alten römischen Strasse zu sehen, die Damaskus mit Jerusalem verband. Auf dieser Strasse ritt der Christenverfolger Paulus gegen Damaskus zu. Unter dieser Strasse gibt es eine Höhle, die heute eine Kapelle ist. Nach der Tradition hat sich der erblindete Paulus für mehrere Tage in diese Höhle zurückgezogen, nachdem er vom Lichtstrahl Christi getroffen wurde. Erst danach liess er sich in die Stadt hineinführen, wo ihn dann Hananias taufte und er das Augenlicht wieder bekam. Die Strassen der Altstadt von Damaskus, die Paulus

durchwandert hat, sind heute noch stumme Zeugen des Bekehrungsweges des hl. Paulus.
Diese Höhle, die von den einheimischen Christen und z.T. auch Moslems aufgesucht wird, lädt einem zum Nachdenken ein. Denn Paulus ist hier vom Lichtstrahl der Gnade Christi getroffen zu Boden gestürzt, musste dann einsehen, dass er sich bis anhin auf einem Holzweg bewegte und musste nun von seiner Idee abkommen Christen zu verfolgen, indessen ist er selber Christ geworden. Wie tief muss ihn da Christus sein Herr und Meister berührt haben, dass in ihm ein solcher Gesinnungswandel überhaupt möglich wurde. Dass Paulus ein von Christus berührter war, davon zeugen auch seine Briefe. Welche Leidenschaft, Liebe und Kraft für Jesus und sein Evangelium stecken darin.
Es war für ihn nach der Bekehrung sicher nicht leicht, auf einmal auf der Seite von denen zu stehen, die er vorher mit Leidenschaft verfolgt hatte. Da brauchte es wahrlich eine Portion Demut. Es ging ihm dabei ähnlich wie gut 1000 Jahre später der junge Franziskus, der eine so grosse Abscheu vor den Aussätzigen hatte. Es wird dabei berichtet, dass Franz v. Assisi schon von weitem seine Nase zuhielt, um den abscheulichen Geruch dieser Lebendigtoten nicht riechen zu müssen. Ganz verständlich. Eines Tages begegnet ihm ein Aussätziger. Er will dem Pferd die Sporen geben, überlegt es sich dann aber anders, steigt vom Pferd geht auf den Aussätzigen zu, umarmt und küsst ihn. Darum sagt er selber danach in seinem Testament: *„Der Herr selbst hat mich unter sie geführt."* Und weiter gilt sein Wort auch für den Apostel Paulus: *„Was mir vorher bitter vorkam, ist mir zur Süssigkeit geworden."* Franziskus hat sich dann zeitlebens für die Aussätzigen und Randständigen eingesetzt. Er ging an ihrer Not nicht einfach vorbei. Er lebte unter den Aussätzigen, er pflegte sie und er war unter ihnen. Gottes Wege sind nicht Menschenwege.
Hier in Damaskus an diesem Ort wandelte Gott die Leidenschaft des Apostels Paulus gegen die Christen, für die Sache des Evangeliums, für die noch junge Christengemeinde. Ja, Paulus wurde wirklich zu einem auserkorenen Werkzeug Gottes für die Ausbreitung der Frohen Botschaft bis an die Grenzen der Erde. Die Leidenschaft dieses Kämpfers *gegen,* wandelte sich in eine kämpferische Leidenschaft *für*. Das gefällt mir an Saulus, der zum Paulus geworden ist, seine Leidenschaft. Ich befürchte, dass diese Leidenschaft für Christus und sein Evangelium vielen
Christen heute abhanden gekommen ist. Wer ist noch leidenschaftlich bei der Sache? Wer ist noch leidenschaftlich engagiert für die Kirche, für das Evangelium, für die Fernstehenden? Wie das ein Paulus, ein Franziskus, und wie viele Frauen und Männer im Laufe der Kirchengeschichte waren. Ich wünschte mir etwas von

diesem Feuer, das in Paulus brannte in mein Herz, in das Herz der Bischöfe und Priester, in das Herz von so vielen Getauften und Gefirmten, die in ihrer Leidenschaft etwas für den Gekreuzigten und Auferstandenen Herrn tun möchten. Darum möchte ich diese Gedanken am Fest Pauli Bekehrung beschliessen mit einem Gebet um dieses Feuer für die Kirche und Christi Botschaft. Dieses Gebet steht in einem Hymnus der Kirche, der täglich gebetet wird:

„Erfüll mit heiliger Leidenschaft
Geist Zunge, Sinn und Lebenskraft;
mach stark in uns der Liebe Macht,
dass sie der Brüder/Schwestern Herz entfacht." Amen.

Antoniuspredigt 2018

Liebe Verehrinnen und Verehrer des hl. Antonius von Padua, Liebe Mitchristen
Man muss einmal in Padua am Grab des hl. Antonius gewesen sein, um sich ein Bild zu machen, welche grosse Verehrung der *Santo* bei den Gläubigen geniesst. Ein ununterbrochener Strom von Pilgern und Gläubigen durchflutet von früh bis spät, täglich die Basilika des Heiligen von Padua. Viele Gläubige legen betend ihre Hände auf sein Grab, so als wollten sie auch körperlich den Heiligen zurückrufen, damit er ihnen aus den verschiedensten Nöten ihres Lebens helfe und beistehe. Er ist wirklich der grosse Fürbitter, der Helfer in allen Nöten.
Ja, wir haben im hl. Antonius einen Heiligen der Kirche, der zwar vor gut 800 Jahren starb, es sind genau 787 Jahre, aber heute noch in zahlreichen Kirchen Kapellen und Bildstöcken rings um die Welt in irgend einem Bild, einer Statue oder wenigstens mit einem Opferstock mit Vermerk *‚Antoniusbrot'* seine Gegenwart andeutet. Selbst Leute, die in religiösen Dingen nicht so bewandert sind, rufen den Heiligen aus Padua an, wenn sie irgendetwas verlegt oder verloren haben, einen Regenschirm, einen Schlüssel oder was auch immer, so erinnert man sich daran, dass es einen Heiligen gibt, der als Finder verlorener Dinge geradezu weltberühmt geworden ist. Ein schwedisches Möbelhaus hatte sogar einen Schrank nach ihm benannt und damit geworben, dass in diesem Antonius-Schrank nichts verloren gehen würde.
Der Heilige aus Lissabon ist ein volkstümlicher Heiliger.
Wie kommt es, dass die Verehrung dieses Heiligen so gross und so breit ist, dass er wirklich als ein zeitloser Heiliger erscheint?
Bruder Antonius lebt in erster Linie in den Armen, für die das Evangelium Jesu auf jeder Seite Partei ergreift und für die er sich in seinem Leben stets stark gemacht hat.
Bruder Antonius lebt weiter in den Menschen, die sich nach seinem Beispiel einsetzen für Menschen am Rand, für Benachteiligte und körperlich und seelisch Leidende, die sich in verschiedenen sozial-karitativen Werken ganz aus dem Geist des Heiligen beteiligen.
Bruder Antonius lebt in allen Menschen, die vor ihm ihre Nöte und Sorgen aussprechen, die ein unerschütterliches Vertrauen zu ihm haben und durch ihn letztlich zu Gott.
Der Heilige erweist sich als wahrer Gottesfreund wie auch als ehrlicher Freund der Menschen. Ganz auf den Spuren Jesu und seines Ordensgründers will er Licht und Frieden in die Welt bringen. Gebeugte aufrichten, Um sich-selbst-Kreisende befreien. Er prangert Habgier und Bestechlichkeit an. Zu Recht ist er der Patron für das soziale Gewissen geworden. Mit allen Kräften und Möglichkeiten versuchte er die Wunden seiner Zeit zu heilen. Viele wunderbare Ereignisse werden überliefert, die sich durch sein Wirken bis heute bestätigen.
So möchte ich ihnen eine Gebetserhörung erzählen, die sehr eindrücklich ist und sich vor nicht langer Zeit ereignet hat. Im letzten Herbst lernte ich bei einer Professfeier in unserem Kloster ein Flüchtlingsehepaar aus Syrien kennen. Es

erzählte mir, dass sie aus der Gegend des *Orontes,* also aus dem Norden des Landes stammen. Sie waren vor der ISIS nach Österreich geflüchtet. Der Vater der Frau, ein Firmenbesitzer, wurde von einem ehem. Angestellten bei der Isis verraten und dann entführt. Die Familie wusste lange Zeit nichts über das Schicksal des Vaters. Das Ehepaar in Österreich begann eine Novene zum hl. Antonius zu beten. Am letzten Tag der Novene, hörte der festgehaltene Vater, dem man kaum zu essen gab, an seinem Aufenthaltsort eine Stimme, die ihn aufforderte: „Geh zum Fenster. Dort ist ein junger Mann. Sag ihm, dass du hier festgehalten wirst." Er sah tatsächlich jemand, und sagte dieser Person, dass er hier in Gefangenschaft sitzt. Dieser Vater konnte dank dem hl. Antonius dann befreit und in Sicherheit gebracht werden. Er lebt nun mit seiner Frau bei seinen Kindern in Österreich. Dieses syrische Ehepaar ist felsenfest überzeugt, dass da der Heilige seine Hände im Spiel hatte. Und die beiden erklärten mir nochmals: Es war am letzten Tag unserer Novene als der Vater befreit werden konnte. Ja, Wunder durch Antonius gibt es beinahe jeden Tag.
Der hl. Antonius lebt. Er ist aktuell wie eh und je. Er ist es, weil bei ihm das schlichte, einfache Evangelium Jesu Christi durchscheint.
Die Art und Weise, wie man das Evangelium leben kann, hat er bei Franz von Assisi und seinen Brüdern abgeschaut. Noch als Augustinerchorherr war er von ihnen so beeindruckt, dass er sich sagte: „Da kann ich wirklich den Fusspuren Jesu nachgehen. Ich habe viel Theologie studiert, hier kann ich das Studierte umsetzen! Da liegt sicher auch sein grosser Erfolg bei seinen Predigten. Bei ihm spürten die Zuhörer und Zuhörerinnen, da redet nicht irgend einer schöne Worte über das Evangelium daher, da ist nicht ein Distanzierter, sondern ein Betroffener, einer der selber den Fusspuren Jesu folgt und das Evangelium zu leben versucht.
Die künstlerischen Darstellungen zeigen den Heiligen aus Padua meistens mit dem Jesuskind auf den Armen dargestellt. Das ist zwar nicht die älteste Darstellung von ihm. Es gibt ihn mit dem Evangelienbuch, der Lilie, brennenden Herzen etc. Alle diese Darstellungen möchten letztlich das Eine, den grossen Verkünder der Frohbotschaft Jesu zeigen. Die Abbildung mit dem Jesuskind auf den Armen, geht auf eine Vision zurück. Das kann aber auch symbolhaft seine grosse Liebe zur Menschheit Jesu Christi ausdrücken. Und diese zeigt sich vor allem in der Zuwendung zu den Armen und Kleinen seiner Zeit. Er war der Anwalt unter den Armen und Unterdrückten. In ihnen sah er wirklich Christus den Menschgewordenen Gottessohn. So sagt er auch in seinen Predigten immer wieder: Durch Christus ist das Heil Gottes zu uns Menschen gekommen. Aus sich ist der Mensch unfähig zu Gott zu gelangen. So ist Jesus nach dem hl. Antonius der Menschgewordene für uns alle eine Brücke, die zum Vater führt. Für uns alle hat dies zur Konsequenz, dass wir versuchen immer wieder Freunde und Jünger Jesu zu werden.
Ja, Antonius ist wirklich ein zeitloser Heiliger. So ist unsere Hoffnung berechtigt, dass er das, was er einst so überzeugend gelebt, verkündet und gewirkt hat, uns jetzt auch zu vollziehen hilft durch seine Fürbittmacht. Wenn wir den Santo aus Padua mit dem Jesuskind auf den Armen dargestellt sehen, soll er uns doch

ermuntern, dass wir uns immer wieder neu Christus zuwenden. Er soll uns ein Ansporn sein mit Christus, der die Mitte der ganzen Schöpfung, der die Brücke zum Vater ist, immer wieder in Kontakt zu kommen. Dass wir aus dieser freundschaftlichen Verbundenheit mit Christus heraus leben können. Falls wir diese Freundschaft einmal verlieren würden, soll der Wiederbringer Verlorener Sachen uns zu dieser Freundschaft zurückführen.

Diese Predigt wurde am 13. Juni, 2018 am Fest des Heiligen in der Kirche St. Anton in Basel gehalten.

Einführung zur Messe des Sel. Engelbert Kolland OFM, in seiner Heimat R. am ....2015.

Gnade und Frieden von Christus, den den Sel. Engelbert mit Martyrerkrone gekrönt hat, sei mit euch!

Fanatismus ist kein Relikt vergangener Tag. Wir hören täglich davon in den Zeitungen und im Fernsehen. Eine Antwort darauf zu geben, das ist ganz schwierig. Einfach wortlos übergehen, wäre fatal. P. Engelbert hat sich dem Abwendbaren gestellt und hat es blossgestellt: ‚Freund, was habe ich dir getan, dass du mich töten willst?‘‚Nichts! Aber du bist Christ!‘ Nach einem dreifachen Bekenntnis, womit er die Aufforderung zum Abfall beantwortete, fiel er unter den Hieben einer Doppelaxt.
Rel. Fanatismus gab und gibt es zu allen Zeiten. Jedoch müssen wir ihn als eine der schlechtesten Seite der Religion erkennen. Es ist eine ungeheure Anmassung, anderen mit Macht und Gewalt seine rel. Überzeugung aufzuzwingen.
Der Selige ist für seinen Glauben in den Tod gegangen. Bitten wir Gott um sein Erbarmen, dass wir in unserem Alltag, oft zu wenig für unsere Überzeugung eingestanden sind.

- Jesus, du bist für deine Überzeugung in den Tod gegangen. Herr, erbarme dich.
- Du wurdest geschmäht, schmähtest aber nicht, du hast gelitten, drohtest aber nicht. Christus erbarme dich.
- Du hast dein Leben hingegeben am Kreuz, um uns alle zu retten. Herr, erbarme dich.

Diese Predigt hielt ich anlässlich des Jahrestages des Sel. Engelbert in seiner Heimat Ramsau, Tirol.

Predigt
2 Kor 5, 14, Mk 6, 7-13 2015

Predigtgedanken zum Festtag in der Heimatgemeinde des Sel. Engelbert Kolland OFM, Ramsau/Tirol

„Jeder Mensch hat etwas, das ihn antreibt!“ Diesen simplen Satz verwendet eine deutsche Bank für die Werbung der Kunden. Es geht dabei um hochgesteckte Ziele und Wünsche, die motivieren und antreiben sollen mit Geld zu wirtschaften. Wir wollen hier eine Brücke zu unserem Seligen machen. Was war denn die besondere Antriebskraft des Seligen Engelbert, seine so geliebte Bergheimat, seine Familie ja alles hinter sich zu lassen und in die Mission ins Heilige Land zu reisen?

Vor seiner endgültigen Abreise in die Heimat Jesu besuchte der scheidende Missionar von Graz aus seine Familie in der Steiermark. Er berichtet darüber in seinen Aufzeichnungen von wahren ‚Lamentationen', also Wehklagen, die die Seinen bei seinem Abschied hielten. Ja, siewollten ihn sogar noch im letzten Moment von der Reise in den so unsicheren Orient aufhalten. Die nicht unbedingt christenfreundliche Herrschaft beunruhigte die Seinen zu Recht.

Ja, deshalb können wir uns hier fragen, was war denn die besondere Antriebskraft des Seligen, die Seinen, seine Provinz, seine Heimat zu verlassen, alle seine Sicherheiten hinter sich zu lassen, Brücken abzubrechen, um in einen ihm fremden Land, einer christenfeindlichen Umgebung zu wirken und zu leben?

Es ist das, was der Apostel Paulus in 2 Kor 5, 14 sagt: *„Die Liebe Christi drängt uns."* Der Apostel Paulus sieht in seiner grossen Liebe zu Christus seinen persönlichen Motor, der ihn antreibt, ja förmlich dazu drängt, sich für Christus und das Reich Gottes einzusetzen. Wir wissen, dass der Völkerapostel das bis zum Letzten getan hat. Die Liebe Christi drängte auch Br. Engelbert, unter diesem Leitsatz steht letztlich sein ganzes Leben, Wirken und Sterben in Damaskus. Es ist die Liebe zu Christus.

Im heutigen Evangelium sendet Jesus die Jünger aus, seine Frohe Botschaft zu verkünden. Gerade dieses Evangelium war unserem Ordensgründer Franziskus so etwas wie ein Schlüsselerlebnis. Ihn trieb diese Liebe Christi seine Botschaft allen Menschen zu verkünden. Das tat unser Sel. Engelbert auch mit grosser Leidenschaft.

Fast auf allen Portraits finden wir den Seligen Engelbert mit einem Kreuz in seiner Hand. Es ist ein starkes Symbol der Liebe Christi. Diese Liebe Christi drängte ihn fast sprichwörtlich dazu, sich selbst immer wieder ein Herz für die ihm anvertrauten Menschen zu fassen.

Ist es nicht so, dass diese grosse Liebe, die er immer wieder den Mitmenschen, den Alten und Jungen in der Mission von Damaskus, in der Schule, im Beichtstuhl, im unterschiedlichen Beistehen der Mitmenschen, ihm den Namen *‚Abouna Malak'*, Vater Engel einbrachte? Es ist einerseits eine Übersetzung des ersten Teils seines Namens. Es sollte sich aber als eine sehr zutreffende Bezeichnung seines unermüdlichen Wirkens für Gott und die Mitmenschen erweisen. Diese Liebe Christi für die andern lebte er bis zum Vergiessen seines Blutes. Er spricht sogar seinen Mörder im Angesicht des Todes mit Freund an. *„Freund, was habe ich dir getan, dass du mich töten willst?"*

Können wir in dieser Anrede nicht eine grosse Liebe selbst dem Feind gegenüber erkennen? Geschieht da nicht die Verwirklichung des höchsten Gebotes der Bergpredigt: *„Liebt eure Feinde und betet für die, die euch verfolgen."*
Nur wer ganz vom Geist Jesu Christi durchdrungen ist, hat in einer solchen prekären Situation noch die Geistesgegenwart, seinen Feind, seinen Mörder „Freund" zu bezeichnen.

Liebe Mitchristen, möchte unser Landsmann Engelbert nicht eine klare und deutliche Herausforderung für uns alle sein, unseren Glauben im Alltag, in unserem Leben zu bekennen. Wir werden wohl nie ein solches Martyrium wie Engelbert haben. In unserem Lebensbereich, in unseren Familien, Schulen, Parteien können wir aber einen Beitrag zu Liebe und Frieden leisten, wenn wir z.B. Hass nicht mit Hass beantworten und Gewalt nicht mit Gewalt, wenn wir unser Handeln ausrichten nach dem Geist Jesu Christi, nach dem Geist der ‚Goldenen Regel' der Bergpredigt: *„Alles, was ihr von andern erwartet, das tut ihnen."* Mt 7, 12.

Wir wissen, dass in unseren Breitengraden der christliche Glauben am Schwinden ist. P. Firas hat am gestrigen Vortrag auf die Wichtigkeit unserer christlichen Identität hingewiesen. Wir müssen zu unserer Identität stehen. Wir müssen immer und überall aus dem Geist Jesu leben. Die Liebe Christi muss uns treiben, unseren Mitmenschen beizustehen. Konkret kann das für uns heissen: Wir sollen uns immer wieder im Geist Jesu für Frieden und Gerechtigkeit in dieser Welt einsetzen. Wir wollen immer wieder für die Verfolgten Christen beten. Wir wollen mit den Leidenden Christen auch solidarisch sein. So wollen wirnicht zulassen, dass Menschen oder ganze Volksgruppen irgendwo auf der Welt verfolgt, vertrieben und unterdrückt werden, ohne dass wir es wahrnehmen. Wir müssen mit unseren Glaubensgeschwistern solidarisch sein. Das Gebot zur Nächstenliebe muss uns solidarisch machen. Es kann und darf uns nicht gleichgültig sein, wenn Christen in Afrika, Syrien oder wo auch immer abgeschlachtet werden. Wir müssen als Christen wachsam sein gegenüber allen Formen von Intoleranz und Nationalismus.
Auch wenn wir manchmal angesichts der deprimierenden Weltlage resignieren könnten, sollten wir im Glauben an den Auferstanden, Furchtlosigkeit, Gelassenheit, die Gewissheit, dass der Tod wirklich nicht das letzte Wort hat zu leben versuchen. Haben uns das nicht kürzlich, im Febr. dieses Jahres, die 21 ägyptischen christlichen jungen Männer, die als Gastarbeiter nach Libyen gekommen sind, heldenhaft in ihrem Martyrium für Christus gezeigt? Diese

jungen Männer wurden von der Terroristenorganisation IS umgebracht. Der Islamische Staat hatte im Internet ein Video ihrer Hinrichtung veröffentlicht, in dem zu hören war, wie die Opfer vor ihrer Enthauptung mit Messern den Namen Jesu Christi anriefen: „Mein Herr Jesus erbarme dich meiner!“ Angehörige der Opfer sagten danach, dass sie den Tätern vergeben hätten und für ihre Umkehr beten würden. Das ist ein grosses, tapferes christliches Glaubensbekenntnis. Sie bekannten sich bis aufs Blut zu Jesus Christus, zum Gott der rettet. Hier müssen wir uns die Frage stellen: Wie bekennen wir uns zu Jesus Christus? Haben auch wir den Mut uns im Alltag, in nichtchristlicher Umgebung zu Christus und seiner Botschaft zu bekennen? Zu unserer christlichen Identität zu stehen?

Die Liebe Christi drängt uns, sagt der Völkerapostel. Auch wir sollen uns wieder als kritischen Spiegel unseres eigenen Tuns vorhalten lassen und fragen: Wo lassen wir uns von der Liebe Christi antreiben oder treiben uns ganz andere Motive an?
„Jeder Mensch hat etwas, das ihn antreibt!“ Sagt die Werbung der Bank. Das ist eine Tatsache. Aber bei uns Christenmuss und kann es nur die Liebe sein. Diese Liebe geht so weit, dass sie sogar das Leben für Christus hingibt. Das zeigt uns das Beispiel unseres Seligen Engelbert, das zeigen uns die Märtyrer unserer Tage. Möge uns die Liebe Christi stets treiben und antreiben für die Taten der Liebe und des Friedens, dort wo wir sind und leben. Der Gott der Liebe helfe uns dazu Zwischen Glocke und Minarett, Das Leben des Engelbert Kolland, Anton Pustet, Salzburg 2010.

Fürbitten

Gott unser Vater, am Festtag des Sel. Engelbert und seiner Gefährten kommen wir mit unseren Bitten und Anliegen zu dir:

- Wir beten für alle, die dich im Glauben gefunden haben, dass ihr Glaube sie für das Vertrauen stark macht und ihren Einsatz für eine menschenwürdige Erde trägt.
- Wir beten für alle, die in den Ländern des Nahen Ostens wegen ihres christlichen Glaubens verfolgt werden. Lass sie im Blick auf deinen gekreuzigten Sohn den Mut und die Hoffnung nicht verlieren.
- Wir beten für die Franziskaner im Heiligen Land, dass sie nicht nachlassen in dem Bemühen, statt Feindschaft Liebe zu leben, statt Gewalt der Versöhnung zu dienen und statt Grenzen Brücken zu bauen.

- Wir beten für P. Aziz, der wie andere 4 Priester und 2 Bischöfe in Syrien entführt wurde, steh ihnen bei mit der Kraft des Hl. Geistes.
- Wir beten für die jungen Menschen, dass sie auf die Fürbitte des Sel. Engelbert das Verlangen nach einem geistlichen Beruf bekommen, um Christus und der Kirche zu dienen.
- Wir beten für die Verstorbenen, die uns im Leben und im Glauben vorangegangen sind, dass du der liebende Herr sie in dein Reich des Friedens und der Freude aufnehmen mögest.

Wir loben und preisen dich Gott unser Vater. Im Tun und Wirken des Sel. Engelbert erkennen wir einen Menschen, der ganz aus dem Geist deines Sohnes heraus gelebt hat. Lass uns seinem Beispiel folgen. Der du lebst und herrschest in alle Ewigkeit.

Habe zu diesem hl. Land-Missionar eine Biographie verfasst. Sie trägt den Titel: Zwischen Glocke und Minarett, Das Leben des Engelbert Kolland, Anton Pustet, Salzburg

Vortrag zum Thema:
Der Marianische Dienst des Priesters nach Franziskus,

Nach Franziskus ist der Dienst des Priesters einerseits ein *Heiligungsdienst* (Franziskus verwendet in seinen Schriften das Wort wandeln sanctificare = heiligen). Der Ausdruck wurde in der Scholastik durch *consecrare*, konsekrieren abgelöst), in dem Christus durch die vom Priester gesprochenen Konsekrationsworte in dessen Händen unter den eucharistischen Zeichen gegenwärtig wird, vergleichbar mit einer neuen Menschwerdung. Andererseits übt der Priester bei diesem Gedächtnis der Menschwerdungs- und Kreuzeshingabe Christi seinen Opferdienst aus, weil sich der in den Priesterhänden gegenwärtig werdende erniedrigte Herr erneut für uns entäussert und hingibt. Der eigentlich Tätige bei der Konsekration und beim Opfer bleibt Christus selbst. Der Priester handelt in ‚Persona Christi'.
Das ganze Priestersein leitet sich vollkommen vom Herrn ab. Der Priester tritt nach dem hl. Franz v. Assisi, nie im eigenen Namen auf, denn für ihn gilt besonders, dass es Gott ist, der alles Gute in ihm spricht und wirkt. Erst unter dieser Voraussetzung geschieht die Heiligung, die Wandlung, die Verwandlung der eucharistischen Gestalten in den Leib und das Blut Jesu kraft der Herrenworte aus dem Mund des Priesters. Er opfert so mit seinen Händen Leib und Blut des Herrn auf dem Altar.
In mehrfacher Weise wird der Priester bei Franziskus von Maria, der Gottesmutter her gesehen, nämlich in der Parallelsetzung Inkarnation, von Menschwerdung und Konsekration, Verwandlung. Der Priester realisiert so in sich das marianisch-kirchlich Mütterliche, er ist gleichsam Wirkraum des Heiligen Geistes, wie das bei Maria, der Braut des Heiligen Geistes, der Fall ist.
Der Priester erfüllt nach Franziskus demzufolge eine doppelte Funktion: zunächst die des Engels Gabriel in der Stunde von Nazareth, indem er das Wort, hier konkret die Wandlungsworte, verkündet, bzw. ausspricht. Ebenso übernimmt er die Rolle Mariens als Braut des Heiligen Geistes, indem der in den Konsekrationsworten wirksame Geist des Herrn in den Händen des Priesters, die Verwandlung von Brot und Wein, in Leib und Blut Christi vollzieht, ähnlich wie die Fleischwerdung des Wortes im Schosse Mariens.
Vom Parallelismus zwischen Menschwerdung und der eucharistischen Erniedrigung Christi, zwischen dem Schoss Mariens und den Händen des Priesters ist u.a. im Ersten Kapitel der Ermahnungen des hl. Franz die Rede:

Aus den Ermahnungen des hl. Franz (Erm 1, V16-18)

„Seht doch, täglich erniedrigt er sich (vgl. Phil 2, 8), wie er einst ‚vom königlichen Thron herab' (Weish 18, 15) in den Schoss der Jungfrau kam. Täglich kommt er selber zu uns und zeigt sich in Demut. Täglich steigt er aus dem Schoss des Vaters in den Händen des Priesters herab auf den Altar."

Wie das in Maria angenommene Fleisch von den Aposteln nicht nur mit körperlich-fleischlichen, sondern mit geistlichen Augen betrachtet und so im Glauben darin den erniedrigten Sohn Gottes erkannt wurde, so müssen auch wir mit den Augen des Franziskus auf dieselbe Weise die in den Priesterhänden angenommene eucharistische Gestalt betrachten und darin den Leib und das Blut des entäusserten Herrn, die Demut Gottes erkennen (vgl. BrOrd 28 und 1 Erm1, 20f).

Anton Rotzetter sagt dazu: „Der Ort an dem sich in der historischen Dimension die Verborgenheit Gottes offenbart und wo sich Gott (Jesus) in demütiger Weise vergegenwärtigt, ist der Schoss Mariens. In der mystisch-sakramentalen Dimension entspricht dieser Ort den Priesterhänden."

Daraus ergibt sich eine wesentliche marianische Ausrichtung des Priesterdienstes, nämlich der Gegenwart Gottes in der Welt Raum geben, Ort und Kanal für die Ankunft des sich erniedrigten Herrn zu sein. Was diese Auffassung des hl. Franziskus für die priesterliche Spiritualität bedeutet, kommt vor allem Brief an den gesamten Orden zum Ausdruck: Seht doch, täglich erniedrigt er sich (vgl. Phil 2, 8), wie er einst 'vom königlichen Thron herab' (Weish 18, 15) in den Schoss der Jungfrau kam. Täglich kommt er selber zu uns und zeigt sich in Demut. Täglich steigt er aus dem Schoss des Vaters in den Händen des Priesters herab auf den Altar.

Aus dem Brief an den gesamten Orden (BrOrd V21-22)

„Hört meine Brüder: Wenn die selige Jiungfrau so geehrt wird, wie es geziemend ist, weil sie ihn in ihrem heiligstem Schosse getragen hat; wenn der selige Täufer erzitterte und nicht wagt, den heiligen Scheitel Gottes zu berühren; wenn das Grab verehrt wird, in dem er eine Zeitlang gelegen hat, wie heilig, gerecht und würdig muss dann der sein, der den, der nicht mehr sterben wird, sondern ewig leben und verherrlicht wird, den ‚zu schauen die Engel sich sehnen' (1 Petr 1, 12), mit den Händen berührt, mit dem Herzen und Munde empfängt und anderen zum Empfang darreicht."

Die Gottesmutter selbst wird zum Vorbild und Mass der vom Priester anzustrebenden Heiligkeit. Franziskus spricht von dem Würdigsein Mariens, aufgrund der Tatsache, dass sie Christus in ihrem Schoss trug. Ebenso spricht er von der Seligkeit des Täufers, der den hl. Scheitel Gottes nicht zu berühren wagte. Er spricht auch von der Verehrungswürdigkeit des Grabes Jesu, das den Leib des Herrn für eine gewisse Zeit in sich barg. Deshalb fordert er eine umso grössere Heiligkeit und Würdigkeit von den Priestern, die es nicht bloss wie Maria, der Täufer und das Heilige Grab mit dem erniedrigten, Mensch gewordenen Herrn zu tun haben, sondern darüber hinaus mit dem verherrlichten und erhöhten Herrn. Denn bei der Konsekration wird das alles gegenwärtig: Verkündigung, Geburt Jesu, Wirken Jesu, Leiden, Sterben, Auferstehung und Himmelfahrt.
Deshalb sagt Franziskus, der die Priester ja nicht über Maria und den hl. Täufer stellen will: *„Um wieviel mehr müssen sie heilig, gerecht und würdig sein...“* (BrOrd 21 ff)
Anton Rotzetter sagt dazu: „Franziskus fordert von den Priestern, dass sie an Maria, dem Täufer und dem hl. Grab Mass nehmen und deren Sakralität überbieten.“
Der genannte hohe Anspruch wird durch mehrere Faktoren unterstrichen: Zunächst ist da die Tatsache, dass es die Priester in der hl. Eucharistie, wie bereits angedeutet, nicht nur mit dem erniedrigten, duldenden Herrn zu tun haben, - wie Maria, der Täufer und das Grab-, sondern auch mit den „ewig lebenden und verherrlichten, den zu schauen, die Engel sich sehnen“ (1 Petr. 1, 12), mit dem Allherrscher, der einmal wiederkommen wird, um die Welt zu richten.
Sodann vereinigt der Priester alle drei bei Maria, Johannes der Täufer und dem hl. Grab beschriebenen Arten des Kontaktes mit dem Herrn in sich: Er trägt Christus im Leib, wie Maria, indem er ihn im Herzen und im Mund empfängt. Er berührt ihn mit den Händen, wovor sogar der Täufer zurückschreckte. Schliesslich reicht er ihn anderen zum Empfang dar. „Möglicherweise denkt Bruder Franz hier an die dabei vom Priester verwendete Pyxis, die damals gern als ‚neues Grab des Leibes Christi‘ betrachtet wurde.“ B. Holter
Schliesslich wird, so Franziskus, vom Priester verlangt, er müsse heilig und gerecht sein. Eigentlich ein Attribut, das Franziskus nur Gott zukommen lässt. Das bedeutet wiederum, dass der Priester in seiner persönlichen Vollkommenheit und Würdigkeit letztlich dem Herrn selbst entsprechen muss, mit dem er in der hl. Eucharistie umgeht, wie Br. Franz im BrOrd 23 zum Ausdruck bringt: *„Seid heilig, weil ER heilig ist.“*, vgl. Lev 19, 2 ; Lev 11, 44.
Im selben Brief spricht Franziskus auch von Maria und vom Täufer und im Zusammenhang mit diesen von der Forderung nach würdigen Priestern (V 22).

Dies alles lässt die Schlussfolgerung zu, dass Franziskus dabei auch an die Mittlerfunktion des Priesters denkt: Dieser ist von Gott mit der Würde ausgestattet, im Namen der Menschen den Höchsten nicht nur zu nennen, sondern Ihn in den eucharistischen Gestalten sogar mit den Händen zu berühren, zu empfangen und andern darzureichen. Deshalb ist der Priester verpflichtet, dieser einzigartigen Würdigkeit zu entsprechen, vgl. BrOrd 23: *„Seht eure Würde, ihr Priester Brüder, und seid heilig, weil Er selbst heilig ist."*

Hört meine Brüder: Wenn die selige Jungfrau so geehrt wird, wie es geziemend ist, weil sie ihn in ihrem heiligsten Schosse getragen hat; wenn der selige Täufer erzitterte und nicht wagt, den heiligen Scheitel Gottes zu berühren; wenn das Grab verehrt wird, in dem er eine Zeitlang gelegen hat, wie heilig, gerecht und würdig muss dann der sein, der den, der nicht mehr sterben wird, sondern ewig leben und verherrlicht sein wird, den 'zu schauen die Engel sich sehnen' (1 Petr. 1, 12), mit den Händen berührt, mit dem Herzen und Munde empfängt und anderen zum Empfang darreicht!

Entnommen aus meinem Buch: Maria und die Franziskaner, Jestetten 2010

Einleitung zur Messe zu Ehren der Hl. Bernarda Bütler

Gnade und Friede von Christus, der uns alle zur Heiligkeit berufen hat, er sei mit euch!

Am letzten Sonntag, 12. Oktober wurde Bernarda Bütler, Gründerin der Franziskaner Missionsschwestern von Maria Hilf, in Rom heiliggesprochen. Für unsere Kirche in der Schweiz ist ihre Heiligsprechung ein ganz besonderes, weil seltenes Ereignis. Die älteren von ihnen erinnern sich noch an die letzte Heiligsprechung von hl. Bruders Klaus 1947.

Papst Benedikt hat kürzlich bei einer Audienz gesagt hat:

"Die Heiligkeit ist kein Luxus, kein Privileg weniger, kein für den normalen Menschen unmögliches Ziel; sie ist in Wirklichkeit die gemeinsame Bestimmung aller Menschen, die dazu berufen sind, Kinder Gottes zu sein; sie ist Berufung aller Getauften." So wollen wir inspiriert vom Geist der neuen Heiligen in diesem Gottesdienst uns Gedanken machen über ihre und unsere eigene Berufung, denn wir alle sind zur Heiligkeit als Getaufte und Gefirmte berufen. Die Heiligen wollen für uns Ansporn und Fürbitter sein. Wir wollen am heutigen Sonntag der Weltmission zu Ehren der Heiligen Missionarin Mutter Maria Bernarda Bütler diesen Gottesdienst feiern.

Besinnen wir uns und bekennen wir unsere Sünden:

- Herr Jesus Christus, du hast uns in der Taufe und Firmung zur Heiligkeit berufen: Herr erbarme dich
- Du hast jeden und jede von uns bei unserem Namen gerufen. Christus, erbarme dich.
- In den Heiligen zeigst du uns Menschen, durch die das Wirken Gottes in besonderer Weise sichtbar geworden ist. Herr, erbarme dich:

Predigt

Am letzten Sonntag hatte ich die Gelegenheit an der Heiligsprechung von Mutter Bernarda Bütler in Rom teilzunehmen. Bei wunderbarem Herbstwetter hat Papst Benedikt XVI. vier Selige heiliggesprochen. Bei dieser Feier verband sich Andacht bei den zehntausenden von Gläubigen mit Fröhlichkeit, Ergriffenheit mit grosser Freude und dies in Gemeinschaft mit vielen Pilgernden aus der ganzen Welt, welche die nüchterne Schweizer Art Feste zu feiern, durch italienische, südamerikanische und indische Begeisterungsstürme überboten. Ein schöner Hinweis darauf, dass Kirche–Sein die Landesgrenzen übersteigt. Die vier Seligen, die heiliggesprochen wurden waren: der Priester Gaetano Errico aus Neapel, die Franziskaner-Klarissin Alfonsa von der Unbeflekten Empfängnis aus Indien, die Laiin Narcisa Martillo von Jesus aus Ecuador und die Schweizer Franziskanerin Bernarda Bütler, die viele Jahre in Kolumbien als unermüdliche Missionarin tätig war. Alle diese Heiligen, jede eine ganz eindrückliche Gestalt für sich, waren Frauen und Männer, die aus dem Geist der Seligpreisung Jesu und aus der Sprengkraft seines Evangeliums gelebt, gewirkt und gelitten haben. Alle Punkte der Seligpreisungen Jesu habe sie in ihren unterschiedlichen Berufungen verwirklicht, bewiesen, dass dieses 9 Mal Selig nicht nur ein Wunsch Jesu an seine Jünger ist, sondern lebbares Zeugnis für die Welt. Weil sie das verwirklichten, oft unter grossen Opfern und Entbehrungen, wurden diese äusserst engagierten Christen heiliggesprochen. Das heisst so viel wie: Die Heiligen sind das lebendige Evangelium Jesu in dieser Welt, das auch jene Menschen lesen und verstehen können, die niemals eine Bibel aufschlagen. Es ist eine Tatsache: Zuerst spricht das Volk einen Menschen heilig, bevor es die Kirche tut: das Volk, das in einem Menschen Gott begegnet ist und diesen Menschen liebt und ihm nahe sein möchte. So war es bei Mutter Maria Bernarda. Als sie 1924 in Kolumbien starb, strömten ganze Scharen von Menschen zusammen. Das Begräbnis wurde zu einem eigentlichen Triumphzug. Der Zustrom zu ihrem Grab nahm für Tag zu Tag zu. Man hatte schon vor vielen Jahren jährlich mehr als 60'000 Pilger an ihrem Grab gezählt. Es fehlen auch nicht Berichte über die verschiedensten Wunder und Heilungen. Da hat sich bewahrheitet, was sie zu Lebzeiten einmal gesagt hat: *„Ich walte meines Mutteramtes der Liebe von oben weiter, ich will nicht müde werden, euch helfend nahe zu sein.“* Und dass Mutter Bernarda in unserer Zeit weiterwirkt, das hat sich 2002 bei der jungen Ärztin Mirna Jazmine Correa in besonderer Weise gezeigt, als die sterbens Kranke 27 Jährige, die medizinisch von den Ärzten aufgegeben wurde, durch das Fürbittgebet der Heiligen Bernarda geheilt wurde. Am letzten Sonntag war sie bei der Heiligsprechung zugegen und trug die Reliquie der Heiligen zum Papstaltar. Im Dankgottesdienst anderntags in S. Peter legte sie ein eindrückliches Glaubenszeugnis über ihre wunderbare Heilung durch Mutter Bernardas Fürbittgebet ab.

Mutter Bernarda ist ein Hoffnungszeichen für unsere Welt. Sie ist ein Mensch, bei dem wir in besonderer Weise Gott antreffen können. Ihr äusserer Weg als Missionarin und Ordensgründerin ist beeindruckend, ihr ganzes Leben ist beeindruckend. Aber das äussere Leben ist meistens der Widerschein des inneren Menschen, seines Weges mit Gott. Ihr Leben hat 1848 in aargauischen Auw begonnen. Das Mädchen Verena wird als ‚Wildfang' beschrieben: als ein natürliches, gesundes, frohes von Vitalität übersprudelndes Bauernmädchen, das zu Spässen und Streichen aufgelegt war. So habe sie einmal in der Kirche heimlich die Zöpfe zweier Frauen zusammengebunden. In der Schule fühlte sie sich nie recht wohl. Das stundenlange Ruhigsitzen empfand sie als eine regelrechte Qual. Rechnen war ihr ganz zuwider, das Schönschreiben schien ihr eine nie erreichbare Kunst zu sein. Sie die, die später tausende von Briefen an ihre Mitschwestern schrieb. Die Liebe zur Natur und zum ungekünstelten, ursprünglichen und einfachen Landleben ist Maria Bernarda für ihr ganzes Leben geblieben. Diese Zuneigung zur Schöpfung, die ja Gottes Hände Werk ist, sein eigenes Buch, sein Bilderbuch, lässt sie schon als Kind zur geistlichen Schwester des hl. Franz von Assisi heranwachsen. Mit 19 Jahren tritt Verena Bütler ins Kloster Maria Hilf in Altstätten ein. Am 4. Okt. 1868, am Fest des hl. Franz wurde sie eingekleidet. Genau drei Jahre darauf legte sie die ewigen Gelübde ab. Die Gemeinschaft der Schwestern von Altstätten war damals zahlenmässig und wirtschaftlich am Boden. Sr. M. Bernarda musste sich durch ihre Tüchtigkeit besonders ausgezeichnet haben, denn bald wurden ihr im Kloster verschiedene Ämter aufgetragen, wie z.B. das Amt der Verwalterin. Als treue Schülerin des hl. Franz achtete sie darauf, dass die täglichen Sorgen und die mannigfaltigen Arbeiten ihr den Geist des Gebetes und der Hingabe nicht auslöschten. Der Herr verlieh ihr die Kraft und die Gnade andächtig arbeiten zu können.

So wurde sie dann 1879 Novizenmeisterin und ein Jahr darauf Oberin von 24 Schwestern. Durch ihren tiefen Gebetsgeist wurde das Kloster Altstätten geistlich total erneuert. Immer mehr junge Frauen klopften an die Klosterpforte, weil sie von diesem echten Klosterleben überzeugt waren. *„Mein Leitstern ist das Evangelium"*, pflegte sie stets zu sagen. Mutter Bernarda bekam dann eines Tages die Einladung eines Missionsbischofs, um in Ecuador eine Neugründung zu vollziehen. Mutter Bernarda sah das deutlich als Ruf Gottes und kurz darauf zog sie mit dem Segen des Bischofs von St. Gallen mit sechs Schwestern nach Ecuador. Unter ihnen war auch Sr. Caritas Brader, aus Kaltbrunn, und spätere Gründerin einer weiteren Missionkongregation. Sie wurde 2003 seliggesprochen.

Nach 1 ½ monatiger Seeüberfahrt, bei der die 40 jährige Bernarda sehr litt, kamen die Pionierinnen an ihrem Ziel an in Chone. In äusserster Armut verbrachten die Schwestern die erste Zeit im Klösterchen S. Klara, das nur mehr ein Bretterverschlag war. So schreibt sie ihren Mitschwestern nach Altstätten: *„O schöne erste Zeit, wir sind so glücklich, buchstäblich arm, ohne einen Rappen Geld und ohne Möbel. Als Tisch und Stühle dient uns der Boden."* Wie Franziskus vertraute sie ganz dem himmlischen Vater, der die Sperlinge nährt und die Lilien kleidet. Das selbstlose Leben beeindruckte die Einheimischen so sehr, dass sie ihnen täglich Eier, Milch etc. brachten. Die Schwestern nahmen sich gleich der

Kranken und besonders der Notleidenden aller Art an, die sie pflegten und ihnen wie Christus dienten.
Nach gut sieben Jahren musste die Gemeinschaft, die inzwischen auf 16 Schwestern angestiegen war, wegen den Revolutionswirren nach Kolumbien fliehen. Alles was mühsam aufgebaut wurde, mussten sie loslassen und an einem unbekannten Ort neu beginnen. Mutter Bernarda sagte einmal: *„Kämpfen, Leiden und Durchhalten aus Liebe zu Jesus, das sei unsere Lebensparole!"* Schnell eroberten die einfachen Schwestern des hl. Franz auch die Herzen der Menschen von Cartagena. Chartachena
Mutter Bernarda verstand ihr Leben als einen Weg mit Christus, seiner Mutter Maria und den Heiligen. Da ihre Ordensgemeinschaft, inzwischen als neue Ordenskongregation *Franziskaner Missionarinnen von Maria Hilf* von der Kirche anerkannt, breitete sich immer mehr aus: in Kolumbien, in Brasilien, in Europa. Überall nahmen die Schwestern pastorale, pflegerische und erzieherische Dienste wahr, die sich ergaben: in Pfarreien, in der Krankenpflege, in den Schulen und in den eigenen Gemeinschaften. Immer schlug das Herz Bernardas vor allem für die Armen, die Randständigen, für die Kinder. So sagte sie einmal: *„Im Kranken sollen wir nicht nur den Menschen sehen, sondern in ihm Gott selbst dienen...Lernt diese hohe und heilige Aufgabe gut, in den kranken Gliedern Jesu immer den Heiland selbst zu pflegen. So werdet ihr es dahin bringen, den schönen Namen ‚Engel der Liebe zu verdienen....*
Die armen Kranken und armen Kinder müssen allezeit den Vorzug haben."
Mutter Bernarda kannte auch nur zugut die zahlreichen Gefahren im geistlichen Leben. Darum lehrte und unterwies sie täglich ihre Schwestern. Jene, die ferne waren, besuchte sie zu Fuss oder zu Pferd, sie schrieb ihnen weit über 2000 Briefe, Briefe des Dankes, der Ermutigung und des Trostes. Mutter Bernarda wurde bis zum letzten Tag ihres Lebens nicht müde ihre Mitschwestern auf den Weg der Heiligkeit zu führen und zu begleiten. *‚Wie Gott will'*, pflegte sie häufig zu sagen. Ein Ausdruck, dass sie sich und ihre Gemeinschaft ganz den Händen Gottes überliess.
Maria Bernarda war ein Mensch, der von einer unglaublichen Liebe zu Gott und den Menschen beseelt war. Sie betete immer wieder: *„Lass mich eine Botin deiner Liebe und Barmherzigkeit sein und allen Menschen verkünden wie gut du bist."* 40 Jahre stand sie ihren Schwestern als Oberin vor. Mutter vieler und ganz unterschiedlicher geistlicher Töchter, was für eine menschliche Herausforderung!
Mutter Bernarda ist eine Heilige, die alle Menschen liebte. Sie prägte den Ausdruck: *„Ein weites Herz müsst ihr haben."* Mit ihrem Leiden und ihrem Gebet bei Tag und bei Nacht umarmte sie unermüdlich die ganze Welt. Ihr Leben war

ein ständiges Beten und Opfern für die Mitmenschen. Sie betete für die Familien, für die Kinder, für die Ungeborenen, für die Kranken und Leidenden. Während des Ersten Weltkrieges verkürzte sie oft den Schlaf, um für die sterbenden Soldaten zu beten. Sie opferte viel für die Armen Seelen. Ganz besonders lagen ihr die Kirche, der Papst, die Bischöfe und Priester an ihrem Herzen. Sie betete unermüdlich für die ganze Welt, für alle Menschen, besonders die, die es am Notwendigsten hatten. Wir dürfen, ja sollen mit den Heiligen in Kontakt kommen. Sie sind uns ja nicht einfach in den Himmel entrückt. Sie wollen uns nahe sein.
Wenn Mutter Bernarda zu ihren Lebzeiten so viel für die Menschen und die Rettung der Seelen getan hat, wie viel mehr wird sie das vom Himmel aus tun, wird uns Fürbitterin sein auf unserem Weg zur Heiligkeit, zu dem wir alle berufen sind. Wertrauen wir uns ihrem Fürbittgebet an: Heilige Mutter Bernarda, bitte für uns und die ganze Welt. Amen.

Fürbitten

Himmlischer Vater, wir sind heute zusammengekommen, um dich zu loben und dir zu danken für die Hl. Mutter Bernarda Bütler. Mit ihr in unserer Mitte tragen wir unsere Bitten und Anliegen vor dich:

- Gütiger Gott, du hast die hl. Bernarda Bütler gerufen dir in einem evangelischen Leben nachzufolgen. Berufe auch heute junge Menschen, die grossherzig und freudig deinem Ruf in die engere Nachfolge antworten.
- Barmherziger Gott, du der hl. Bernarda ein waches Auge für die Nöte der Zeit geschenkt. Erfülle auch uns mit einer grossen Liebe und Barmherzigkeit, dass wir bereit sind überall der Not abzuhelfen.
- Befreiender Gott, du hast der hl. Bernarda ein frohes und tapferes Gemüt in die Wiege gelegt. Gib auch uns ein frohes Herz und lass uns täglich etwas von deiner Freude weitergeben.
- Erbarmender Gott, du hast die hl. Bernarda mit einem grossen Herzen ausgestattet. Schenk auch uns auf ihre Fürbitte Solidarität mit allen, die materiell und seelisch hungern.
- Du schöpferischer Gott, lehre uns im Geiste der hl. Bernarda Ehrfurcht zu haben vor allem Leben, dem Leben der Alten und Jungen, der Gesunden und Kranken.

- Lebendiger Gott, die hl. Mutter Maria Bernarda hat viele Sterbende begleitet. Auf ihre Fürbitte lass alle Sterbenden in dir den gütigen und barmherzigen Vater erfahren.

Guter Gott, durch das Leben und Wirken der hl. Mutter Bernarda hast du der Welt den Reichtum deines Erbarmens und deiner Liebe sichtbar gemacht. Lehre auch uns, in der Kraft deines Geistes den Mitmenschen zu dienen, für die dein Sohn am Kreuz gestorben ist. Der du lebst und herrschest in alle Ewigkeit.

Ein Buch aus meiner Feder zu dieser Heiligen, anlässlich ihrer Heiligspechung: „…wie Gott will Heilige Mutter Bernarda Bütler, Miriam-Verlag, Jestetten 2008

Predigt zum Dominikusfest

Dieses Jahr feiert der Dominikanerorden sein achthundertjähriges Bestehen. Gerade in unserer schnelllebigen Zeit mit rasch wechselnden Institutionen ist ein so langer Zeitraum nicht nur ein Grund zu staunen und zu danken, sondern auch Anlass, sich mit der Gestalt des Gründers zu beschäftigen.
Vom seligen Jordan von Sachsen hilft ein Gebetstext, ein Bild des hl. Dominikus zu bekommen: „Vom Eifer für Gott und von übernatürlicher Glut entflammt, hast du dich durch deine grenzenlose Liebe und Begeisterung mit dem Gelübde der ständigen Armut voll Innigkeit und gänzlich dem apostolischen Gehorsam und der Verkündigung des Evangeliums geweiht."
Eines der grundlegenden Merkmale des hl. Dominikus war, dass er immer mit und von Gott gesprochen hat. Papst Benedikt XVI sagte einmal: „Im Leben der Heiligen stimmen die Liebe zum Herrn und die Liebe zum Nächsten, das Streben nach der Ehre Gottes und nach dem Heil der Seelen immer überein."
Schon als Student zeichnete sich der aus altkastilischer Familie stammende Dominikus de Guzman durch sein grosses Interesse für das Studium der hl. Schrift und durch die Liebe zu den Armen aus. Das zeigt sich auch darin, als während dieser Zeit eine grosse Hungersnot ausbrach, so wird uns überliefert, das Dominikus aus diesem Grund all sein Hab und Gut, darunter auch die notwendigen kostbaren Bücher verkaufte, um mit dem Geld des Erlöses die Hungernden zu sättigen. Als man dies ihm vorwarf, sprach er voller Überzeugung: *„Wie könnte ich wohl in diesen Toten Büchern studieren, wenn ich weiss, das lebende Menschen Hungers sterben."*
Ein geistig interessierter Student, der seine Bücher verkauft, um mit dem Erlös den Hungernden zu helfen, ist gewiss kein Stubenhocker, der an der harten Realität des Lebens vorbeilebt. Gerade in dieser Episode kommt ein Grundzug des hl. Dominikus zum Vorschein: Er ist ein Mann des Studiums und des Gebetes.Seinen Ordensbrüdern wird er einst das weitergeben, was er so formuliert: *„Gib das in der Predigt weiter, was du zuvor selbst durchdacht und im stillen Gebet betrachtet hast"*Zugleich ist Dominikus ein Mann der Tat, der als Priester und Seelsorger den religiösen Nöten seiner Zeit begegnet ist.
Nach seiner Priesterweihe wirkte er zunächst als Kanoniker des Kathedralkapitels seiner Heimatdiözese Osma. Dominikus erkannte mehr und mehr für die Kirche seiner Zeit die ganz wichtigen Aufgaben: Missionstätigkeit und Neuevangelisierung.

Wie Franziskus die Armut, so hatte Dominikus die Wahrheit zur Grundlage seines Wirkens erhoben. Um falschen Lehren noch nachhaltiger entgegenwirken zu können, gründete der dann Predigerorden, dessen Aufgabe darin bestand, durch das gesprochene Wort und ein vorbildliches Leben die Irrgläubigen zu bekehren.Nachdem der Heilige erkannt hatte, das die Methoden falsch sein mussten, wie man damals die Häretiker, vorallem die Albingenser bekämpfte, gründete er zusammen mit Bischof Diego in Prouille Languedoc sein erstes Missionszentrum auf der Grundlage von Armut und Predigt. So diente dann dieses Missionszentrum vor allemzur Aufnahme bekehrter Albingenserinnen. Dieses Zentrum wurde dann so zum ersten Dominikanerinnenkloster.
Als der Heilige sich in Rom aufhielt und in der Kirche des hl. Petrus für die Ausbreitung seines Ordens betete, da sah er die Apostelfürsten Petrus und Paulus auf sich zukommen. Petrus aber gab ihm einen Stab und Paulus ein Buch in die Hand, dazu sprachen sie: „Gehe hin und predige durch die Welt, denn du bist von Gott dazu ausersehen.“ In diesem Augenblick sah er vor seinen geistigen Augen seine Söhne über den ganzen Erdkreis ziehen zu zweit miteinander und den Völkern das Wort Gottes predigen. Darin sah er seine und seiner Brüder Sendung. Und als er nach Toulouse kam, sandte er die Brüder aus wie Jesus die Apostel ausgesandt hatte, einigenach Spanien, einige nach Paris und einige nach Bologna, er selbst aber reiste nach Rom und bat den Heiligen Vater um Bestätigung seines Ordens. Das war genau vor 800 Jahren.
Bei seiner Heiligsprechung im Jahr 1234 wurden zwei unverzichtbare Elemente herausgestellt, die notwendig sind, um jedes Apostolat wirksam zu gestalten. Dazu gehört die von Dominikus so aufmerksam gepflegte Marienverehrung, die er seinen geistlichen Söhnen und Töchtern als geistliches Erbe hinterliess, die es dann vor allem durch die Verbreitung des Rosenkrangebetes weiter entfalteten.
Zweites glaubte Dominikus, der sich auch um einige Frauenklöster seines Ordens in Frankreich und Rom kümmerte, zutiefst an den Wert des Gebetes für eine apostolische Arbeit. Die Schwestern sollten in besonderer Weise das Predigtwerk ihrer Brüder durch Gebet und Opfer unterstützen. Papst Benedikt XVI. bringt das mit folgenden Worten zum Ausdruck: „Erst im Paradies werden wir begreifen, wie wirksam das Gebet der Klausurschwestern das apostolische Handeln begleitet. An jede von ihnen denke ich voller Dankbarkeit und Zuneigung.“
Nun was kann der hl. Dominikus ihnen liebe Schwestern heute noch sagen, ich meine uns allen.
Ich meine auf drei Dinge, die ihm so wichtig waren sollten wir achten: Überzeugt predigen! Das meint nicht nur mit Worten, sondern besonders durch ein überzeugendes Leben nach dem Evangelium Jesu. Das heisst jeden Tag sich auf

den Weg machen, das Wort Gottes verinnerlichen, aus dem Wort Gottes leben und daraus handeln. „Auch wenn es wenig ist, was du vom Evangelium verstanden hast, aber lebe es.“ R.Schütz. Viele Menschen sind heute in ihrem Glauben verunsichert. An wie viele Dinge wird heute geglaubt, nur nicht an die eigentliche Wahrheit die Jesus Christus heisst. Denken wir an die Esoterik, wie die boomt. Wenn sielb. Sr. u. Mitchr. in Jesu Botschaft verankert sind, dann werden die Leute sie fragen, wo ihre Quellen liegen nämlich in Jesus und seiner Botschaft verbunden mit dem Glauben unserer Kirche.
So kommen wir zum Zweiten: Dominikus stand treu zu seiner Kirche. Nicht umsonst nannte man die Predigerbrüder auch *Domini Canes*, die *Hunde des Herrn*, wegen ihres Eifers um den rechten kath. Glauben. *Domini Canes* mag vielleicht vorerst als Spottname klingen, aber er möchte uns heutigen doch sagen, so wie viele Brüder und Srn. des hl. Dominikus um den wahren Glauben gekämpft haben, sollen wir es auch heute tun.
Und dann noch ein Drittes. *‚Dominikus'*, der Name ist Programm, d.h. nämlich *dem Herrn gehörig*. Wir sollen als getaufte und gefirmte wirklich dem Herrn gehören und bes. sie liebe Schwestern Dominikanerinnen. ER muss ihr eins und alles sein. Und wenn wir neben dem hl. Dominikus oft ein Hund mit einer Fackel im Mund sehen, das soll die Vision der Mutter Johanna von Aza über ihr Kind Dominikus darstellen, der mit einer brennenden Fackel die Welt von damals erleuchtete. Auch wir sollen wie unser VaterDominikus vom Feuer der Liebe zu Jesus und seinem Evangelium brennen, damit wir die Weltvon heute damit entzünden können. Amen.

Fürbitten

Jesus Christus hat den hl. Dominikus berufen, an der Erneuerung seiner Kirche tatkräftig mitzuwirken. Wir beten:

- Für die Predigerbrüder und –schwestern und alle Verkünder des Evangeliums, dass sie in Demut und Liebe dem Wort Gottes dienen und sich nicht durch Misserfolge entmutigen lassen.
- Für alle Fragenden, Suchenden und Enttäuschten, dass sie Menschen begegnen, die ihnen auf dem Weg der Wahrheit und der Liebe verhelfen.
- Für alle Menschen auf der Flucht, in Krankheit und Not, dass sie Hilfe, Heilung und Trost erfahren.
- Für Sr. Dominique, die heute Namenstag feiert und alle ihre Mitschwestern, dass sie ganz aus dem Geist ihres Ordensgründers heraus leben und wirken können.

- Für uns selbst, dass wir offene Sinne und ein waches Herz bewahren für die Sorgen, Nöte und Ängste unserer Mitmenschen.
- Für die verstorbenen Br. + Sr. des Dominikanerorden und für alle Verstorbenen, dass du an ihnen vollendest, was du begonnen hast, und der Lohn ihres Glaubens, ihrer Hoffnung und ihrer Liebe bist.

Herr, unser Gott, wir danken dir für deine Güte und Treue in dieser Zeit und in alle Ewigkeit. Amen

Habe diese Predigt bei den Dominikaerinnen des Klosters Maria Zuflucht in Weesen gehalten, anlässlich 800 Jahre ihres Ordensgründers 2016

Predigt zum INFAG-Gottesdienst (Jahresversammlung der Interfranziskanischen Gemeinschaft)

Immakulata 8. Dezember

Liebe Schwestern und Brüder,
Schönheit ist gefragt. Schönheit wird uns doch im täglichen Leben in einem ganzen Sortiment vorgelegt. Die schöne Frau auf der Titelseite der Illustrierten, Filmstars, Schönheitsköniginnen, Miss Schweiz, Mister Schweiz. Jugend und Schönheit wird uns fast in allen Reklamen angeboten. Schönheit wird auch in den verschiedensten Liedern besungen, nicht nur heute, das war bereits schon in der Antike der Fall. Das Mittelalter war geradezu die Epoche, in der die Schönheit der Frau besungen wurde: das Zeitalter des Minnegesangs in dem unser Ordensgründer gross geworden ist. Wir dürfen, ja sollen uns auch der Schönheit der Menschen freuen, zumal Schönheit ein Geschenk Gottes ist. Weil wir alle Abbilder Gottes, Krone der Schöpfung sind, spiegelt letztlich auch in jeder und in jedem von uns, sie/er muss nicht Schönheitskönigin oder –könig sein, etwas von der Schönheit Gottes wider. Der hl. Franz sagt, wenn er vom Bruder Mensch spricht: *„Der Mensch ist jenes überaus kostbare Gefäss, in dem der himmlische Schatz verborgen liegt."* Kann man da nicht von der Schönheit aller Menschen sprechen?
Jeden Samstag besingen wir Brüder im OFM-Orden in einer alten Marienantiphon die Schönheit Mariens. Wir Brüder von der Mariaburg ziehen jeden Samstagabend nach der Vesper vom inneren Chor in den äusseren vor den Hochaltar zum Immakulatabild und singen: ***‚Tota pulchra es Maria', ‚Ganz schön bist du Maria'.*** Diese alte marianische Antiphon , die nicht einfach ein süsslich-sentimentales Marienlied ist, wird dem Franziskanertheologen und Mariologen Br. Johannes Duns Skotus zugeschrieben. In dieser Antiphon wird also noch viele hundert Jahre vor der Dogmatisierung, Maria als die Unbefleckt Empfangene verehrt. ***‚Ganz schön bist du Maria und die Erbschuld ist nicht in dir.'*** Duns Skotus ist wohl bei dieser Dichtung vom alttest. Hohenlied inspiriert worden, wo in einem hochzeitlichen Lied der Bräutigam die Schönheit seiner Braut besingt: ‚Meine Schönste, so komm doch...', Wie schön bist du meine Freundin...' Wir haben keine Fotographie von Maria, wie schön sie wohl gewesen ist. Maria ist ganz bestimmt eine schöne Frau gewesen. Wahre Schönheit bleibt allerdings nicht nur beim äusserlichen, messbaren und machbaren stehen. Wahre Schönheit hat

auch mit innerer Schönheit zu tun, die nicht an Jugend und Gesundheit gebunden ist. *„Sei gegrüsst du Begnadete, der Herr ist mit dir.“* Dieses Wort des Engels Gabriel sagt mehr als ein schönes Bildnis aussagen kann. In der Sprache der Bibel heisst das doch: *„Freu dich Maria. Der Gott Israels hat dich voll Erbarmen und in Liebe angeschaut. Er hat Ja zu dir gesagt, bevor du dich ihm zuwenden konntest.“* Dieses Ja Gottes ist umfassend. Wenn die Bibel *‚voll der Gnade'*, also *‚ganz und gar Begnadete'* sagen will, kann sie zeitlich ausdrücken: Von der Empfängnis bis zum Tod.

Maria durfte also ihr Leben im Licht Gottes beginnen und als erste der Menschen, das unverdiente Geschenk der Erlösung empfangen. Das möchte auch das Dogma von der unbefleckten Empfängnis aussagen. Und aus diesem Grund kann die alte marianische Antiphon sagen: **„Ganz schön bist du Maria und der Makel der Erbschuld ist nicht in dir.“** Ihre eigentliche Schönheit hängt mir ihrer Erwählung, mit der unbeflekten Empfängnis zusammen. Aber dennoch nahm der erbarmende Blick Gottes sie nicht heraus aus den Anfechtungen und Bedrohungen eines Menschenlebens. Obwohl sie ohne Sünde war, ging sie durch Dunkelheiten des Glaubens und Leidens. Es wäre falsch zu meinen Maria hätte es dank ihrer Begnadung leichter gehabt als wir alle. Ihr Weg bestand sicher aus vielen Freuden, wir meditieren ja ihre Freuden, aber auch aus vielen Schmerzen. Diese meditieren wir auch. Ihr Lebensweg war oft ein Leidensweg. So sind ihr auch die Sorgen einer Mutter um ihr Kind nicht erspart geblieben. Sie spürte an ihrem eigenen Leib und an ihrer eigenen Seele was es heisst von Mitmenschen abgewiesen zu werden, Flüchtling zu sein. Sie musste immer wieder die Entbehrungen einer armen Handwerkersfrau entgegennehmen. Vergessen wir nicht, ihr Sohn starb wie ein Verbrecher. Sie erfuhr die Bosheit und Grausamkeit seiner Hinrichtung am Kreuz. Was hat sie da als Mutter alles ausstehen müssen! Maria hatte es bestimmt keineswegs leichter gehabt als die vielen Mütter und Frauen, denen die Sorge um die Kinder und Familie anvertraut ist. Maria steht für uns Christen als Vorbild da. Auch wenn ihr Weg durch manche Dunkelheiten ging, auch wenn sie unsäglich litt, sie hat das Ja in der Stunde von Nazareth nie zurückgenommen: *„Siehe, ich bin die Magd des Herrn.“*

Für Br. Franz ist Maria deshalb eine von Gott geweihte Kirche, wie dies im Gruss an die Gottesmutter zum Ausdruck kommt. Gott Vater hat sie geweiht in ihrer wunderbaren Erwählung. Er hat sie geweiht weil er sie zur Mutter seines Sohnes gemacht und mit der Fülle des hl. Geistes ausgestattet hat. Sie hat dazu das Ja der Verfügbarkeit gesprochen. So ist die Immakulata für Franziskus der Typus der Kirche. Nicht umsonst ist die Immakulata die Patronin der Franziskanischen Orden. Was an Maria geschehen ist, vollzieht sich auch an der Kirche. So sagt der hl. Franz im Brief an die Gläubigen, **BrGl II 53**: *"Mütter sind wir, wenn wir ihn durch die Liebe und ein reines und lauteres Gewissen in unseren Herzen und Leibe tragen: wir gebären ihn durch ein hl. Wirken, das anderen zum Vorbild leuchten soll."* Das also ist die Aufgabe der Kirche, die Aufgabe von uns Schwestern und Brüder der franziskanischen Familie. Auch ich soll Palast, Gezelt, Haus Gottes, ein geistliches Haus sein. Wie sieht das konkret bei mir aus? Wie bereite ich dem Herrn eine Bleibe, wie kann ich ihn durch gute Werke gebären? Br. Franz verweist uns auf Maria. Denn sie spricht in der Verkündigungsstunde *„Mir geschehe wie du gesagt hast"*. Mit anderen Worten: *„Ich bin bereit für das, was Gott von mir will."* Maria zeigt uns mit dieser Haltung des Glaubens, dass sie offen ist für Gott, selbst dann, wenn sie seinen Plan noch nicht ganz versteht spricht sie ihre Bereitschaft aus: *„Mir geschehe wie du gesagt hast."* So kann Gott durch ihr Ja-Wort Mensch werden.. Überall dort, wo Menschen wie Maria letztlich alles von Gott erwarten, da geschieht Heil und Heilung. Maria war die Erste, die im Glauben von neuen aus Gott geboren wurde. Und jeder, und jede der sich, die sich wie Maria Gott öffnet, der wird ebenso aus Gott geboren. Gott hat uns alle zum Heil berufen. Das können wir in besonderen Weise an Maria der Immakulata ablesen. Er appelliert aber auch an unsere Freiheit. Er sucht unsere Mitarbeit. So möchte er auch unser frohes Ja, wie wir dies bei Maria, dem Tempel des Herrn sehen. Denn Gott möchte auch durch uns Mensch werden, greifbar, spürbar sein. Er sucht nach Geschöpfen, die wie Maria Tür sein wollen, damit er in die Welt kommen kann. „Ganz schön bist du Maria, in dir strahlt das Abbild Gottes in ganz besonderer Weise. Deine Schönheit, dein von Anfang an erwählt sein, ist Gnade, reine Gnade. So wie du in der ersten Stunde erwählt bist, sind auch wir alle erwählt. Du bist der Beweis, dass Gott stärker ist als all das Böse und die Sünde in der Welt. Was du Maria bist, das bist du .durch die Menschwerdung und Erlösung deines Sohnes. Der Anfang ist gemacht, der Grundstein ist gelegt mit Maria der Unbeflekten. Sie ist so etwas wie die erste Knospe des kommenden Frühlings. Wir wollen als franziskanische Menschen auf sie schauen deren Schönheit durch die Schönheit Gottes unvergänglich ist**: „Tota pulchra es Maria."**

Fürbitten

Zu unserem Herrn Jesus Christus, der sich in seiner Mutter Maria eine würdige Wohnung bereitet und sie vor der Erbschuld bewahrt hat, beten wir:

-Herr Jesus Christus, du wurdest Mensch zu unserer Erlösung. Erhalte in den Brüder und Schwestern des hl. Franz die Liebe zu Maria, die uns allen zur Mutter gegeben wurde.

-In Maria wolltest du den Anfang der Versöhnung gründen. Stifte Frieden und Verständigung unter den Regierungen aller Völker.

-Du wolltest **J E S U S**, **Gott hilft, Gott heilt**, genannt werden. Rufe in dein Reich, die deinen Namen noch nicht kennen, und führe zurück, die dich verlassen haben.

-Schon im Mutterschoss war Maria mit Gnade erfüllt. Schenke allen Neugeborenen deine Nähe und mache sie zu Erben deines Reiches.

-Maria hat Gott ihr volles Ja gegeben. Hilf uns, dass wir wie Maria zu den Plänen Gottes Ja sagen und sie dann auch zu erfüllen suchen.

-Für unsere lieben verstorbenen Mitschwestern und Mitbrüder. Vergib ihnen, was sie in ihrem Leben gefehlt und schenke ihnen nun die Vollendung in deinem Reich.

Gott, unser Vater, wir danken dir für die Erwählung der Jungfrau Maria. Höre auf ihre Fürsprache, und gewähre uns allezeit deine Gnade. Darum bitten wir dich, durch Christus unseren Herr

Fürbitten: -Zu unserem Herrn Jesus Christus, der sich in seiner Mutter Maria eine würdige Wohnung bereitet und sie vor der Erbschuld bewahrt hat, beten wir:
-Gott, unser Vater, wir danken dir für die Erwählung der Jungfrau Maria. Höre auf ihre Fürsprache, und gewähre uns allezeit deine Gnade. Darum bitten wir dich Christus unseren Herrn

Zum Friedensgebet: Misstrauen und Angst sind Folge der Sünde. Das Zeichen der Immakulata ist Verheissung des Friedens und der Versöhnung für alle.

Zum Vater unser: Wenn Jesus Mensch wird aus Maria, dann sind wir alle zusammen Kinder des einen Vaters im Himmel. Lasst uns zusammen zu Gott, unserem Vater beten:

Printed by Books on Demand GmbH, Norderstedt / Germany